O Livro da Belle
Histórias de Mulheres

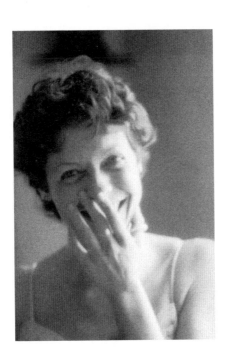

O Livro da Belle
Histórias de Mulheres

✳ ✳ ✳

Cybelle Weinberg Sardenberg

Editado por
Carlos Alberto Sardenberg

Sumário

PREFÁCIO 11

I. HISTÓRIAS DE MULHERES 15
    Reflexões 29
    A segunda vida das mulheres 45
II. RELATOS PESSOAIS 51
III. ENSAIOS & CRÔNICAS 67
IV. ENTRE O PRAZER E A CULPA 95
V. PROJETO DE UM LIVRO 117
    Breves anotações 123
VI. A HISTÓRIA DE BELLE 133
    por Carlos Alberto Sardenberg

BIBLIOGRAFIA 149
CRÉDITOS DAS IMAGENS 157

Prefácio

Em 15 de fevereiro de 2017, Belle escreveu uma nota em seu celular: cianureto de potássio.

Acabara de receber um diagnóstico devastador: um câncer de mama raro, grave no pior nível, para o qual nem existia tratamento protocolado.

Foi-lhe dada a opção: não tratar, apenas cuidar para que não sofresse; tratar, iniciando com cirurgia e depois procurando remédios novos de quimioterapia.

Escolheu a segunda opção. Por quê? Possivelmente, teria mais tempo de vida, com chance até de passar por bons momentos, entre um tratamento e outro.

Foi que aconteceu. Sobreviveu dois anos e oito meses. Lançou um livro, atendeu por dois anos no seu consultório de psicanálise, viajou com filho, enteados, noras e genro e, especialmente, com as netas e netos, sua enorme paixão.

E passou a escrever notas, pequenas reflexões, roteiros de ensaios e livros, sempre sobre o universo feminino. Morreu em 14 de outubro 2019.

Eu, CAS, conhecia parte desse trabalho. Outra parte encontrei em seu computador e em seu celular.

Com rápidas reflexões e lembranças, começa este livro irregular, que contou com a edição especial e decisiva da psicanalista Francy Ribeiro Moreira , amiga querida para a qual Belle sempre mandava seus textos. Seguem-se relatos pessoais, especialmente sobre a doença, reunidos no capítulo 2. No capítulo 3, colocamos crônicas e ensaios, seguidos, no (4) por estudos sobre Transtornos Alimentares, área na qual se destacou.

O livro termina, capítulo 5, curiosamente, com um projeto de livro, uma história de mulheres excessivas.

No conjunto, há textos inéditos, sobretudo os capítulos 1 e 2, e outros já publicados aqui e ali. Acrescentamos porque nos pareceram ainda atuais.

O último texto é de minha autoria, uma história da Belle, desde que a conheci.

Carlos Alberto Sardenberg

PARTE I

Histórias
de mulheres

* * *

NOTA DO EDITOR:

Belle estava escrevendo pequenas histórias, obtidas na vida, nos livros, no consultório. Penso que desejou publicá-las. Havia mostrado algumas, outras deixou no computador, bem visíveis.

Aqui estão, portanto.

Perdido

"Então tivera esse romance em sua vida: um homem morrera por ela. Doía-lhe quase nada agora pensar no pífio papel que ele, o marido, tivera na sua vida".
—James Joyce, "Os Mortos", in *Dublinenses*.

Disse a mulher, de olhos fechados, num sussuro:
—Queria que você entrasse dentro de mim. Inteirinho, apertando ainda mais o corpo dele contra o seu.

E ele entra, como que sugado pela vagina.

Assustado, ele vai subindo, subindo, até chegar ao seu peito. Ali encontra dores, muitas dores, e a figura da menina do Vietnã—braços abertos, nua, ferida, desamparada, colada em suas entranhas. Curioso, se pergunta quando ela se sentiu assim, em que momento essa imagem trágica se colou ao seu peito.

Chega ao coração. Tudo muito bem organizado, como na casa, que ela cuida com zelo: no ventrículo direito está a família—reconhece o pai amado, a mãe poderosa, o filho querido, os netos adorados. No ventrículo esquerdo, as lembranças dos amantes, dos casos secretos, das palpitações, dos grandes desfalecimentos, das grandes paixões.

Vai subindo, passa pela garganta. Quantas palavras caladas! Quanto choro engolido! Quase sufoca...

Chega à cabeça. Turbilhão de pensamentos, projetos, rascunhos de teses, contos, livros, agendas. Sente-se atordoado, jamais imaginou que dentro daquela mulher, a sua mulher, tão quieta, tão discreta, sua companheira, tivesse dentro de si um furacão de emoções, desejos, projetos. E mágoas, muitas mágoas...

Abre os olhos e encontra o olhar dela, penetrante e inquisidor. Surpreende-se com a sua pergunta:

—Onde você estava, querido?

E ele, ainda atônito:

—Perdido, me procurando dentro de você...

A avó para a neta

"Raríssimas mulheres sentem prazer, filha. O homem, sim. Então a mulher precisa fingir um pouco, o que não tem essa importância que parece. Temos que cumprir nossas tarefas, o resto é supérfluo. Se houver prazer, melhor, mas e se não houver? Ora, ninguém vai morrer por isso."
—Lygia Fagundes Telles

Ninguém? Pensei nas mulheres do álbum. Tirariam as joias, os vestidos. Hora de tirar o espartilho, tão duras as barbatanas. Os cordões fortemente entrelaçados. Se deitariam obedientes, tremendo sob os lençóis. "Ninguém vai morrer por isso." Mas há muito elas estavam mortas.

As meninas adoravam as histórias da avó.

Voara

"E o que a gente faz quando a paixão acaba? Ela perguntou. Nada. Acho que a gente vira um passarinho, ele disse. Eu queria virar uma borboleta, ela pensou. E as crianças viram, debaixo do banco, um passarinho bicando com disciplinada voracidade uma linda borboleta de asas azuis".
— Lygia Fagundes Teles, "Lua de mel em Amsterdã".

Nova versão: o passarinho, distraído e envaidecido com seu próprio canto, não viu que a linda a borboleta há muito voara para longe...

Às seis horas na praça

Então eu voltei para Ravensburg. A guerra tinha acabado e era isso que a gente havia combinado quando ele foi levado pelos soldados. Dias depois eu também fui levada, só que para outro campo. Enfim, a gente tinha combinado que se nos perdêssemos um do outro, todos os dias iríamos à praça principal da cidade, pontualmente às seis horas da tarde. E esperaríamos.

Eu nem sabia se ele estava vivo. Mas cumpri minha promessa. Por quase um ano eu ia lá e ficava olhando todo mundo que passava. E sabe do que eu tinha mais medo? Olha que bobagem, de que ele não me reconhecesse! Antes da guerra eu era bonita, sabe? Mas aquela vida no gueto acabou comigo. Ali era o inferno!

Bom, mas um dia ele apareceu. Quando ouvi sua voz me chamando, levei um susto. Há quanto tempo não ouvia alguém me chamar! Foi uma coisa alegre e triste ao mesmo tempo, acredita? Na hora eu pensei por que eu fiz isso? Por que vim aqui nesta praça todos esses dias? De repente me lembrei do que tinha sido aquele casamento, eu estava livre dele, meu Deus, e agora não sabia o que fazer com aquele homem. O resto você já sabe, anos e anos com aquele cachorro, eu trabalhando e ele gastando no jogo.

Se eu me arrependi? Claro, filha, todos os dias, mas eu precisava ir. Porque ninguém mais sabia quem eu era.

A Marta!

Eu vou votar na Marta.

Por que isso agora? Você nem precisa mais votar, 75 anos…

Mas eu quero votar, e vou votar na Marta.

E por que na Marta?

Minha filha. Eu fui casada com o seu pai durante 50 anos. Ele era gentil, carinhoso, a gente se amava muito. E ele, até pouco antes de morrer, sempre me procurava… Eu gostava porque ele nunca teve outra mulher. Mas quer saber? Nunca achei muita graça naquilo. E também porque tinha o medo de engravidar, sabe? Ah, que medo! Só Deus sabe o que é fazer um aborto! Mas deixa pra lá, isso é passado! Aí conheci a Marta, não perdia um programa dela na televisão. E quanta coisa ela me ensinou, nunca ninguém tinha me falado dessas coisas… E cada coisa…

Lá vem o João

Doutora, às vinte para as cinco já estou no ponto de ônibus. Essa hora ele ainda está vazio, dá para ir sentada até o terminal do trem. Uma hora no ônibus, dá até para cochilar. Porque fico com sono, né? Levanto às quatro, preparo os uniformes e as lancheiras dos meninos, a marmita do João. Deixo sempre uma camisa passada pra ele nas costas da cadeira da sala. Bom, aí pego o trem. Às seis horas ele já está cheio, nem sempre consigo um lugar pra sentar. Desço do trem quinze para as sete, pego outro ônibus até a casa da minha patroa. Chego lá umas sete e meia. Faço todo o serviço da casa, três vezes por semana. Nos outros faço faxina em casas de família e num escritório, mas no escritório a faxina só pode ser feita aos sábados. Nenhuma folga doutora! Bom, mas aí trabalho até as cinco, mais três horas até chegar em casa. Ponho os meninos no banho, faço a janta, vejo se fizeram a lição, ponho na cama. Lavo a louça do jantar, esfrego no tanque umas roupinhas (faço questão dos uniformes sempre limpos...) e aí posso tomar o meu banho. Minhas costas estão moídas, minhas pernas inchadas. E aí, doutora, AÍ, DOUTORA, lá vem o João com o seu pintão!!!

A inveja do fretado

Doutora, eu acho que esse seu Freud tinha razão. Afinal, o que é que a gente quer? A senhora sabe como eu dou duro na vida.

S., 40 anos, é mãe de duas crianças, uma de seis anos e outra de quatro meses. Executiva de sucesso, o filho menor vai para a creche da empresa onde tem um alto cargo, para amamentá-lo nos horários das mamadas.

Quando chega em casa, gosta de ela mesma preparar o jantar, dar banho nas crianças, colocá-las para dormir. Como faz questão que a comida da casa seja saudável, vai ela mesma à feira para obter alimentos frescos e de boa qualidade nutricional. Preocupada com a sua aparência, vai regularmente ao salão de beleza e à academia. Nos fins de semana, cozinha para a família e diz gostar de ver a mesa posta com pratos bonitos, ela, o marido e o filho juntos para a refeição.

Na empresa, precisa cumprir metas e não tem hora para sair do trabalho. Em uma sessão em que ela estava particularmente cansada, desabafa com sua analista:

Estou hoje com muita raiva. Tinha relatórios urgentes para entregar e sabia que isso ainda levaria bastante tempo e já eram seis horas da tarde. Pedi à minha secretária que providenciasse alguns documentos, e ela me responde, já fechando o computador: doutora me desculpe, mas preciso sair agora, senão perco o fretado!

Aquilo me deixou perplexa... Eu sou a chefe, tenho um carrão na garagem, e não sei a que horas vou pra casa... E ela vai embora sem culpa, se não perde o fretado... Juro que me deu inveja!

Acerto de contas

Finalmente ela recebeu a esperada notícia. Ele estava na UTI. Entubado, mas consciente. Perfeito! Agora era só marcar a visita, mil vezes ensaiada. Ela esperaria para entrar quando ele estivesse sozinho. O acerto de contas era apenas entre os dois. Se ele estivesse dormindo, aguardaria. Queria que ele estivesse acordado, olhá-lo nos olhos.

Sem dizer nada, dobraria o tubo de oxigênio. Ele espantado, sem poder falar, os olhos arregalados... Não, não seria assim. Ele era um artista, iria fazer a cara de coitado, tão conhecida, suplicando que ela o matasse. Muito fácil. Ela não o queria morto. Pelo contrário, que vivesse bastante aquela sua vidinha de merda.

—Com falta de ar, querido? Aguenta um pouquinho, logo você vai respirar. É só o tempo de eu lhe dizer umas coisinhas, que há 20 anos espero para lhe falar. Lembra-se de todas as humilhações que você me fez passar? As traições foram o de menos. O pior foi fazer com que eu me sentisse burra, feia, um desastre na cama. Seu punheteiro de merda, você deixava marcas na cueca, no pijama, no papel higiênico ao lado da cama, para me mostrar que eu era a menos desejável das mulheres.

Opa! Você está ficando muito vermelho. Vamos respirar um pouquinho. E esconder essa campainha, nada de pedir socorro. Pronto. Vamos dar mais uma voltinha nesse tubo.

Quer saber? Essa brincadeira de ficar dobrando o tubo já deu. Vamos pensar em algo melhor. Acho que esse remédio está pingando muito devagar. Vamos dar uma acelerada nisso. Abrir bem essa válvula. Beleza! Essa é pelo pai de bosta que você sempre foi. Por todos os danos que causou ao nosso filho. Vamos pensar em algo bem legal para você saber o quanto o machucou com toda a sua rejeição. O que ele fez para você, imbecil? Espera. Essa agulha enfiada aí no seu braço está meio frouxa, não? Parece que está um pouco fora do lugar, deixa que eu recoloco para você. Pronto, agora sim, está bem enterradinha na sua veia. Doendo? Oh, querido!

Sim, seria assim. Ela não via a hora de chegar lá.

Descobriu o hospital, o leito, o horário de visitas. Aguardou o momento certo para entrar. Quando o viu ali deitado, aquela ruína, não disse nada. Olhou bem para a sua cara, estendeu-lhe dedo do meio e deu meia volta. As contas já estavam acertadas!

✼ ✼ ✼

Reflexões

✼ ✼ ✼

O fardo do tempo?

"*É necessário estar sempre embriagado. Tudo se reduz a isso: eis o único problema. Para não sentirdes o horrível fardo do Tempo, que vos abate e vos faz pender para a terra, é preciso que vos embriagueis sem cessar. Mas de quê? De vinho, de poesia ou de virtude, à vossa escolha. Contanto que vos embriagueis*".
—Baudelaire

Entregar-se

"Entregue as suas flores a quem saiba cuidar delas (...)".
— Saramago, *Viagem a Portugal.*

Felicidade

Se calhar, a felicidade é só isto.

Tormento

Mulheres sem limites. Ou mulheres intensas: "o amor como tormento", devastarás pela dor.

Do filme Dumplin'

"Ainda bem que nasci mulher, senão eu seria uma drag queen. Vá com tudo ou vá para casa, mas seja como for, use sapatos vermelhos."

Da culpa

"Ironicamente, o atraente imperador tivera muitas aventuras sexuais, mas até conhecer Kathi seu coração não se envolvera e, portanto, ele não sentia culpa."

"Parênteses na vida normal"

As informações entre parênteses são acessórias, podendo ser retiradas da frase sem alterar o sentido da mesma, sendo assim dispensáveis.

Tudo na vida são desapontamentos... (Ega para o amigo Damaso/*Os Maias*).

Um peixe devolvido ao mar...
Tudo bem?

Longe do domicílio conjugal, tenho direito a minhas travessuras. (Del Priore).

Dom Casmurro: caprichos de pouca monta.

Ditado Judaico

Deus nos livre de tudo aquilo com que podemos nos acostumar!

Sobreviventes do campo de concentração

Silêncio, sofrimento registrado no corpo (como anoréxicas), sem palavras, espanto diante do trágico, número tatuado no braço mostra que o pesadelo existiu. Insight: menina no Vietnã, pura dor, desamparada, boca que grita o horror, a nudez total.

Relações

Anorexia: compulsão.

Bulimia: céu, inferno e purgatório.

Amos Oz

Sobre sua mãe que se matou quando ele tinha 12 anos.
"O que ela deixou para mim no tocante a mulheres foi talvez um sentimento nebuloso e confuso de que mulher é uma coisa quebradiça e vulnerável, algo no qual se tem que tocar com mais cuidado do que um objeto de vidro, e de que a mulher é algo feito de sonhos, de saudades, de sensibilidade e de dor.
Abriga-me debaixo das tuas asas".

Etiqueta

O mal-estar da civilização.

Etiqueta necessária para o convívio social.

Você só estará totalmente à vontade quando estiver sozinha —e mesmo assim, há situações em que, só, se seguem regras.

Pequenas certezas

Meu marido? Não sei...não sei quase nada dele.
Bom, assim, com certeza, só sei que ele é corintiano.

✽ ✽ ✽

A segunda vida das mulheres

✽ ✽ ✽

Adolescência e maturescência

Sem idade certa para começar ou acabar.

Uma invenção relativamente recente na história da humanidade (adolescência e terceira idade: mulheres do século XIX não chegavam à menopausa), as duas ficaram mais longas.

Lutos da adolescência: corpo, identidade, pais idealizados.

Lutos da maturescência: corpo, identidade, filhos e amantes idealizados.

Mudança por uma ruptura ou processo em ambas.

Nova organização psicológica

Angústia frente às novas possibilidades — rearranjo psíquico: deixar o lugar de provedora e aprender a receber, direito ao egocentrismo, conceder-se o direito de fazer o que quiser. Saber administrar sua nova liberdade, seu tempo e sentir prazer em estar só: estar só é uma capacidade e só é capaz disso, como afirma C. Collange, quem desenvolveu seus gostos pessoais.

Novas relações

Homens mais velhos atraídos por mulheres jovens: capacidade de reprodução delas.

Fato novo: jovens atraídos por mulheres mais velhas: não pela beleza, mas justamente pela experiência, pela arte da sedução, pela liberdade e risco zero de gravidez.

Foi-se o tempo em que só o lobo comia a vovozinha...

Mulheres na segunda vida: mais inventivas. Claramente diferentes da outra vida.

Homens repetem a fórmula, casando-se novamente com mulheres mais jovens e tendo filhos.

A segunda vida é mais intensa que a primeira, especialmente para as mulheres.

PARTE II

Relatos
pessoais

* * *

NOTA DO EDITOR:

Cybelle teve o primeiro câncer de mama diagnosticado em fevereiro de 2010, ano em que faria 60 anos. Havia uma superfesta marcada para março. Ela manteve a festa, e dias depois, foi para a primeira cirurgia, ainda no mesmo mês.

Seguiram-se sessões de químio e radioterapia. Um ano depois teve alta.

Em 15 de fevereiro de 2017, em exames de rotina, teve o segundo diagnóstico, outro câncer, que a levaria à morte.

Aqui estão relatos na primeira pessoa sobre esses anos em que alternou esperanças com cada novo tratamento e desilusão quando o tumor reaparecia.

Emagrecer a qualquer preço

Estou fazendo quimioterapia (abril de 2010). Tenho 1,58m e antes do início do tratamento pesava 60kg. Não acho que estivesse gorda. No entanto, quando dividi a minha aflição frente aos efeitos do tratamento com uma pessoa conhecida — bióloga e professora —, ouvi o seguinte comentário: "pense no lado bom, você vai emagrecer...".

Após duas sessões de quimioterapia, perdi três quilos. Durante um almoço em família, enquanto eu provava vários alimentos diferentes tentando encontrar algum que não me provocasse náuseas e cujo sabor fosse minimamente suportável, ouço a seguinte frase: "aproveita para emagrecer...". Esta partiu de uma economista, também professora.

Como se não bastasse, depois de perder mais um quilo, encontro um colega — médico psiquiatra e psicanalista —, que num primeiro momento não me reconhece. Pede desculpas, diz que eu estou diferente e que ele não sabe o que é. Diz que eu estou "muito mais bonita" e pergunta se eu emagreci. Digo que sim, que há três meses descobri um câncer. Então escuto a seguinte pérola: "você está muito melhor, acho que eu também vou querer ter um câncer...".

Quando trabalhei no Instituto de Psiquiatria do HC, ouvi de algumas pacientes internadas no ambulatório de transtornos alimentares (AMBULIM), diagnosticadas com bulimia nervosa, que comiam alimentos estragados e/ou bebiam água contaminada com o objetivo de adoecer e perder peso. E em minha pesquisa de doutorado encontrei documentos descrevendo o hábito de algumas religiosas do século XVII que beijavam as feridas de companheiras afligidas pelo câncer e esfregavam-se com os seus curativos, com o intuito de se contagiar. Isto porque as doenças particularmente dolorosas eram interpretadas como uma forma de martírio, e as chagas abertas, uma participação na Paixão de Cristo.

Pois bem. A bióloga, a economista e o médico que eu cito vivem no século XXI, não comungam nenhuma crença religiosa e não estão internados em nenhuma clínica psiquiátrica. Mas representam muito bem uma sociedade profundamente transtornada, doente, em que as pessoas perderam a capacidade de empatia com o sofrimento do outro.

Você perdeu o emprego? Divorciou-se? Está de luto por um ente querido? Está com câncer? Tudo bem, veja o lado bom: você vai emagrecer!

Angústia

Qual a nota da sua angústia?
Hoje, durante o procedimento de quimioterapia (março de 2018), fui convidada pela psicóloga da equipe do Centro Paulista de Oncologia a responder um questionário sobre níveis de angústia e suas causas.

Aceitei o convite de imediato, ainda que não tivesse ideia do que responderia. Afinal, não estava me sentindo propriamente angustiada. A quimioterapia que faço no momento não me traz tantos efeitos colaterais — especialmente se comparada às que fiz em momentos anteriores, em que os efeitos eram terríveis. Para falar a verdade, estava até um pouco alegrinha, porque afinal não caiu o cabelo, estou podendo me alimentar bem e a químio está surtindo efeito.

Então, vem a primeira pergunta: "Que nota, de zero a dez, você daria para a sua angústia?". Respondo rápido: — "Sete!". E me surpreendo com a minha nota. Afinal, sete é uma nota relativamente alta... Então, seguem-se as perguntas.

Preocupações financeiras? Muito pouco.
Problemas familiares? Nenhum
Problemas com o cônjuge? Nada, tudo ótimo.
Preocupações com a casa? Zero.

Profissionais? Ui, pegou!

Tenho 68 anos, sou psicanalista, gosto do meu consultório, gosto de atender, gosto de pesquisar, estudar, escrever. No entanto, que difícil está continuar com todas essas atividades... No atendimento a pacientes, preciso cancelar sessões, e a falta de concentração impede a leitura de textos acadêmicos e a produção de artigos científicos.

Conversando sobre isso com a psicóloga, pude não só entrar em contato com a minha angústia como localizar a sua motivação. Faço sessões semanais de análise — que adoro e que me dão forças para enfrentar diagnósticos pouco otimistas, cirurgias pesadas e longos tratamentos nem sempre eficazes —, mas o fato de dar uma nota e responder a perguntas tão pontuais foi de extrema importância nesse momento. Profissionalmente, estava indo muito bem, trabalhando bastante com a clínica e tocando projetos. Para isso dediquei muitos anos da minha vida. Aposentadoria não estava nos meus planos. Parar de trabalhar não foi uma escolha, está sendo uma imposição da doença. Mais um tema para ser aprofundado na minha análise pessoal...

Em busca do objeto perdido

"Quando tirei o meu útero, me senti abortando a mim mesma".
—M.R.

Ela é jornalista, diretora de artes gráficas e ultimamente tem se dedicado à pintura. Seus quadros têm feito enorme sucesso e foi, recentemente, convidada para fazer uma exposição individual em Paris. Recebeu um certificado da Unesco, que a reconhece como artista plástica internacional.

M.R. tem hoje 45 anos e começou a pintar há apenas cinco anos, quando estava se recuperando de uma cirurgia de retirada de útero e ovários. Nunca havia pintado antes. Diz que na adolescência havia feito uns rabiscos, "coisas de adolescente", mas que havia abandonado esse projeto.

Relata ser uma pessoa muito ativa e que "não conseguiria ficar parada durante a recuperação da cirurgia". Pediu então ao seu marido que lhe comprasse telas e tintas, para que pudesse "brincar um pouco". Começou a fazer quadros enormes, de cores intensas, com temas de flores e frutas. São figuras simples, de formas arredondadas. Aos poucos as figuras foram ficando mais abstratas, lembrando seios e úteros.

Alguns meses atrás fui visitá-la em sua casa, e como havia

uma grande quantidade de quadros que eu ainda não conhecia, ela começou a mostrá-los. Foi tirando o papel-bolha que cobria cada um deles (desvelando-os?) e contando a respeito de cada um: quando havia pintado, como escolhera seus nomes: Feminina, Materna...

De repente, descobriu um completamente diferente dos outros. Não tinha forma, era uma grande tela branca com algo que parecia um buraco profundo desenhado num dos cantos, algo que dava impressão de profundidade, de um azul profundo, quase negro.

Para minha surpresa, me peguei falando: "Meu Deus!". Pergunta M. "O que foi?". Respondi, sem saber por quê: "Quanta dor!"

Surpresa, ela me disse que realmente pintara aquele quadro quando estivera muito deprimida, após ter retirado o útero. E que era estranho o que sentira naquele momento, alguma coisa difícil de explicar, mas que era como se tivesse feito um aborto de si mesma. Fala isso colocando as mãos entre as pernas abertas, como uma mãe segurando um bebê que está nascendo. Ambas, perplexas. Colocou o quadro sobre um cavalete, nos sentamos nos degraus da escada próxima para admirá-lo. Passamos um bom tempo olhando-o em silêncio.

Interessante: escrevendo agora este trabalho, me lembrei do que conversamos em seguida. Falamos de nossos casamentos anteriores, de como saímos deles machucadas, como nos encontrávamos agora em novas relações, com pessoas boas, maridos compreensivos. E como pudemos, com a ajuda deles, "dar a volta por cima", nos recuperarmos e termos sucesso, cada uma na sua área. Então ela me disse: "Escreva outro livro, conte nossas histórias, as histórias de todas as mulheres que refizeram suas vidas. E dê o nome de *As sobreviventes*".

Tinha me esquecido dessa conversa, mas acho que é isso o que estou fazendo agora, ao escrever sobre ela.

Voltemos à sua arte.

Costumo utilizar, como referência para minhas reflexões, a obra de Hanna Segal, *Sonho, Fantasia e Arte*.

No capítulo sobre o Simbolismo, Segal retoma os exemplos de seus dois pacientes usados no artigo "Notas sobre a formação de símbolos" (1957). Um deles, psicótico, internado, que parara de tocar violino e que, ao lhe perguntarem o motivo, respondeu: "Você espera que eu me masturbe em público?".

E outro, em análise, que teve sonhos em que tocava violino (o que também representava a masturbação e as fantasias associadas, mas que não o impedia de continuar tocando).

Para explicar esses dois tipos de comportamento, Segal recorre aos conceitos de equação simbólica e representação simbólica. Na equação simbólica, própria do pensamento concreto esquizofrênico, símbolo e objeto simbolizado são idênticos. Assim, um violino é um pênis e, portanto, tocar é igual a masturbar-se.

Na representação simbólica, o símbolo representa o objeto simbolizado, mas não é igual a ele.

M. R. pode pintar úteros e ovários porque aquelas figuras não são, para ela, seu útero e seus ovários expostos. São flores, frutas, gamelas, que representam, simbolicamente, seu útero e ovários perdidos.

Enquanto a equação simbólica (simbolização concreta) é usada para negar a ausência do objeto e está na raiz do luto patológico, a representação simbólica permite a superação da perda e a elaboração do luto.

Penso na amiga que começou a pintar quando se sentiu abortando a si mesma. Que vazio, que perda dolorosa essa mulher não deve ter sentido? O buraco negro no canto de sua tela branca: o que melhor representaria sua depressão? As flores, frutas e gamelas: o que melhor representaria a recuperação dos objetos perdidos?

Ainda me espanto com as minhas próprias palavras: "Meu Deus!" quando vi o quadro. E como fiquei horas ali sentada, em silêncio, admirando-o respeitosamente. Como diz Segal, a obra de arte contém uma verdade que nos dá a sensação de inexauribilidade. Diferentemente da obra inferior, da qual logo enjoamos, nós não nos cansamos de admirar a "verdadeira obra"

Segundo H. Segal o ato de criação está diretamente relacionado como o inconsciente de um mundo interno harmonioso, isto é, com a posição depressiva. Uma experiência estética envolve trabalho psíquico.

Traduzindo metapsicologicamente: o caminho para a identificação projetiva (empatia) foi um caminho construtivo. M. R., provavelmente, não se sentiu perseguida, com medo que eu a atacasse ou roubasse seus objetos bons. Ou que quisesse pintar como ela, roubando sua capacidade. Cada uma de nós tem, à sua maneira, capacidade para traduzir perdas. Pintando ou escrevendo. Recebendo e devolvendo objetos. Contando ou ficando em silêncio. De qualquer forma, nos comunicando.

Viana (1993), escrevendo sobre a contratransferência na análise, aborda esta mesma questão, ao tratar desse momento de compreensão, "sempre surpreendente" para o analista, em que ele, sem pensar, diz algo que faz sentido para o analisando. E de como esse constitui um momento de muita criatividade no processo de análise.

M. R. comprou telas e tintas para "brincar um pouco".

Sabemos o quanto, para Klein, o brincar é coisa séria. Minha amiga não é "mulher de ficar parada", queria algo para fazer. Ficar parada seria não resolver seu conflito, presa num luto patológico. O brincar com tintas foi a saída, o recurso criativo para a elaboração de seus conflitos.

Aliás, brincar para M. foi o primeiro passo, o caminho para a arte. Brincar com papéis, telas, tintas, desenhos.

Se ela ficasse só brincando, poderia ter elaborado seu conflito, mas sua dor só pode ser comunicada aos outros porque seu brincar transformou-se em arte.

Quando o analista adoece

Muito se tem escrito e falado sobre o paciente adoecido. Mas pouquíssimo sobre o momento em que o analista vive uma crise ou uma doença grave. Por quê?

Porque a psicanálise tradicional pressupõe uma separação entre o sujeito e o objeto. Criada por Freud, ela segue o modelo das ciências naturais, transferido para as ciências humanas. Segundo esse modelo, acredita-se na neutralidade do analista e que as suas características não impactam o paciente ou o processo analítico.

Ferenczi rompe com esse paradigma — tomado por Freud da ciência positivista da época — e cria um novo paradigma a partir de seus questionamentos anteriores sobre a comunicação de inconscientes. E para provar esse fenômeno, chegou mesmo a radicalizar sua experiência, alternando os papéis com seus pacientes.

Como essa questão apareceu para mim? Em fevereiro de 2010 recebi um diagnóstico de câncer de mama. No final da primeira consulta com o oncologista, depois de todos os esclarecimentos necessários sobre a doença e definidos os passos do tratamento, ele perguntou se eu trabalhava e qual a minha profissão. Tendo dito que eu era psicanalista, mostrou-se curioso em saber se eu iria contar para os meus pacientes. Isto porque, segundo ele, psicanalistas "resistem em contar para seus pacientes que estão doentes e que se submeterão a um tratamento quimioterápico".

Como os pacientes receberam a notícia? Pacientes captam tudo: relatos de suas falas, sonhos etc. Diálogo de inconscientes! Como os pacientes reagiram à minha volta para a clínica? Demonstraram sentimento de gratidão, ficaram felizes com a minha melhora (o que mostra que têm uma boa relação com a analista).

Poder saber que eu me recuperei era uma esperança para eles. Alguns verbalizaram exatamente isso.

Percebo tranquilidade com minha presença nos intervalos do tratamento—porque puderam me acompanhar.

Relação real é a que cura.

Analista tradicional está em um lugar ideal. A neutralidade traumatiza. Proponho repensar o conceito de neutralidade. É importante não atacar a percepção dos pacientes, acreditar no poder do inconsciente, ajudar a suportar as dores.

Recentemente, um novo fato foi acrescentado a esta experiência que acabo de relatar. Recebi em meu consultório, por indicação de alguém que não sabia da minha história pessoal, uma paciente para análise.

Era uma mulher com 60 anos (a minha idade) que, no

ano de 2010, retirou um tumor da mama e submeteu-se ao mesmo tratamento que eu. Diante dessa mulher, de olhos claros e cabelos ainda curtíssimos, me senti, em um primeiro momento, diante de um espelho. E, ainda, diante de um espelho que me contava a minha história.

Agora diferente: não contar e por quê?

PARTE III

Ensaios & Crônicas

* * *

NOTA DO EDITOR:

*Aqui foram escolhidos textos relacionados com literatura.
Alguns já publicados, outros inéditos.*

Îles flottantes: os seios de Alaíde

Conheci Alaíde no primeiro ano da faculdade de Filosofia, em 1968. Um ano de descobertas, em que eu não entendia nem metade do que estava acontecendo.

Imagine o que era um curso de Filosofia na PUC, naqueles anos de repressão. Tínhamos apenas dois professores dando aulas (os outros, não sei por onde andavam): o Monsenhor Santamaria, um padre gordo espanhol, que ensinava filosofia oriental—sabíamos tudo sobre os Upanishads—e o padre Araújo, sempre suado, fedido e com uma roupa encardida, que dava as aulas de filosofia medieval. Como, além disso, tudo era considerado subversivo, só no último semestre do último ano ouvimos falar um pouco de Kant. Mesmo assim, aquela história de imperativos categóricos (o quê? imperialismo categórico?) "não sei não..."!

Isso dentro da sala de aula. Fora era um tal de assembleias que não acabava mais, filmes "cabeça" no Tuca, greves contra o Mec-Usaid. Eu confesso que achava aquilo tudo uma festa... Claro que eu também saía nas passeatas e atirava pedras no Citibank. Mas no fundo, morria de medo, porque tinha gente que não voltava dessas passeatas, ou voltava bem estropiado, cheio de hematomas. Tudo era perigoso, podiam entrar dentro da casa da gente para procurar uns livros... Corria um boato que tinha até gente desaparecida, que nem o pai e a mãe sabiam onde estavam.

Mas a nossa verdadeira preocupação, minha e das amigas recém-saídas do Colegial, era saber "até onde podíamos ir" com os nossos namorados. Isso era assunto polêmico, motivo de discussões intermináveis. A Revolução Sexual estava apenas começando... E era essa a revolução que nos interessava! Tinha a ala radical—das "liberadas"—e a ala moderada, das que achavam que se podia avançar, sim, porém aos poucos e estrategicamente. As estratégias, obviamente, não podiam ser discutidas em qualquer lugar. Para isso tínhamos o nosso "aparelho", a casa da Alaíde. Ali Marx não entrava, mas entravam todos os outros barbudos da PUC—pelo menos em fantasia.

Alaíde era a menina mais bonita da turma. Era muito branca, com cabelos compridos, sedosos, naturalmente lisos e loiros. Isso mesmo: na-tu-ral-men-te lisos e loiros, não precisava clarear com chá de camomila nem fazer "touca". De morrer de inveja! A boca, então, era algo indescritível: lábios brilhantes, carnudos, cor-de-rosa (tudo isso sem batom nem brilho), sempre abertos num sorriso gostoso, o mais franco que eu já vi. E o melhor de tudo: Alaíde era livre.

Nunca conhecemos seu pai. A única explicação que ela nos deu foi que, num belo dia, seus pais se separaram e ele foi embora. Só! Desde então, sua mãe trabalhava fora. Outra novidade, porque os pais naquela época não se separavam e as mães não trabalhavam fora de casa. Alaíde reinava sozinha naquele sobradão. Era o lugar ideal para nossas reuniões. Obviamente o pretexto era estudar, fazer trabalhos em grupo, pesquisar. Mas confesso que meu principal interesse de pesquisa era a vida sexual dela. Mas vamos por partes.

Em casa, Alaíde estava sempre de camisola, a qualquer hora do dia. Ela nos recebia assim, com aquela camisola de algodão, um quase nada transparente, com estampas de florzinhas, franzido no ombro. Parecia um anjinho de procissão, não fosse o detalhe de não usar soutien e ter sempre um cigarro na mão. Porque, Jesus, ela também fumava! Na própria casa, não precisava esconder... Imagine! Eu, se meu pai me pegasse fumando, me faria engolir o cigarro aceso. Ainda bem que eu nunca consegui fumar, apesar de ter me esforçado. Tentei até um cigarro mentolado—chamava-se Consul—mas eu sempre tossia muito e, quando insistia, quase vomitava.

Outro detalhe: ela gostava de estudar no quarto, sentada na cama, com todos aqueles livros abertos, cadernos, pastas, xerox. Só que às vezes tudo aquilo estava no chão, e a cama um verdadeiro ninho de mafagafos. Então ela explicava, com aquela cara mais normal do mundo, que Fulano ou Ciclano tinha vindo estudar e que, "bom, aconteceu!".

"Como assim?", eu perguntava, já antecipando o exercício da minha futura profissão.

Ela respondia que "tinha acontecido" e eu não me conformava que pudesse "ter acontecido" ali, na casa dela, com um cara que nem era seu namorado... O que será que tinha acontecido? Teria acontecido mesmo?

E como as perguntas continuassem, ela dizia que depois contaria, que era hora de estudar. E vá se concentrar em Santo Tomás de Aquino com aquela curiosidade toda, a excitação "a mil".

Finalmente chegava a hora de comer alguma coisa, fazer um lanche, "dar uma pausa". Íamos para a cozinha e aí era o máximo. Ela colocava em cima da pia um monte de ovos, o litro de leite e o pote de açúcar. Com uma facilidade espantosa, ia quebrando os ovos e separando as claras das gemas. Tudo separado, misturava as gemas com o leite já adoçado e punha para ferver. E começava a bater as claras, andando de um lado para outro, os seios em liberdade, contando "como tinha sido".

Eu ficava absolutamente fascinada, mas já não me lembro se era por causa das histórias ou por causa do cheiro de leite doce fervendo. Certamente eram os dois. Eu me lembro que tinha também um cheiro de baunilha, mas ela jura que não tinha baunilha na receita (para escrever essa receita, eu descobri o telefone dela, liguei e perguntei). Então eu acho que o cheiro de baunilha era mesmo dela. Eu não me espantaria se fosse...

Aí vinha uma parte que eu achava que era coisa de circo. Ela pegava, com uma escumadeira, uma porção de clara daquela montanha branca e jogava no leite fervendo. Depois de cozida, ela retirava aquela ilha de neve com cuidado e a colocava em uma taça de vidro. Fazia assim com cada uma delas, até não sobrar mais clara. Então, com uma colher de pau, mexia bem o leite, que a esta altura já tinha engrossado, e ia jogando essa calda sobre as ilhas. Estava pronto, mas ainda era preciso deixar esfriar. Voltávamos para os livros, minha concentração ainda mais reduzida, torcendo para aquela maravilha esfriar logo e procurando, nos lençóis, os vestígios de suas histórias. Seriam verdadeiras ou não? Até hoje não sei...

Finalmente, quando ela achava que o doce já devia estar frio, voltávamos para a cozinha. Essa, então, era a verdadeira liberdade, porque podíamos comer até enjoar. Ninguém se preocupava com dietas, calorias e celulites, palavras que só vim a ouvir décadas mais tarde. E como aquilo que não se conhece não existe (pra isso vale estudar filosofia), nunca soubemos que aquelas covinhas todas no bumbum, tão simpáticas, tinham um nome: ce-lu-li-tes.

Não sei quantas tardes dessas, deliciosas, passamos juntas. Só me lembro que nos afastamos quando Alaíde começou a namorar um "cara de direita" e eu, um dos tais barbudos das assembleias. Por motivos ideológicos e por compartilharmos das ideias dos namorados, nos separamos. O que foi uma grande estupidez, porque com o tempo terminamos os namoros e ser "de direita" ou "de esquerda", hoje, já não faz mais tanta diferença! E ficamos muitos anos sem ter notícias uma da outra.

Quando a vi pela última vez, há mais ou menos cinco anos, ela continuava linda nas suas formas generosas, os seios ainda empinados (agora com silicone), mas o olhar já não brilhava tanto: tinha um quê de tristeza nele. No entanto, quando perguntei se ela ainda fazia as ilhas flutuantes, ela deu uma boa gargalhada, bem debochada, e respondeu: "Não, não faço mais. Quem faz esse doce agora é meu filho, e faz muito melhor do que eu. Cada menina que ele conhece, ele leva pra casa, faz esse doce e elas ficam encantadas... Ah, aquele sedutor!".

Sobre a vocação

Discorrer sobre a vocação é falar sobre um chamamento, uma voz indefinida e sem corpo que nos convoca a agir. Seguir uma vocação, acredito, seria dar sentido a uma voz que clama e exige trabalho.

A escrita literária, assim como a religiosa e a do clínico poderia ser tomada como exemplo desse trabalho.

Sobre a necessidade de escrever ficção, Vargas Llosa afirma que a vocação literária é uma verdadeira obsessão, uma forma de colocar em palavras os fantasmas que o atormentam.

Para santa Verônica Giuliani, que viveu na época do barroco italiano e escreveu suas memórias até bem próximo de sua morte, escrever foi bem mais do que uma exigência do Santo Ofício. Seus diários somam 22.000 páginas, e ela mesma se perguntava por que escrevia tanto.

Para o clínico, escrever talvez seja um modo de desligar-se das vozes da clínica, criando uma distância que propicia a entrada no universo das representações.

A vocação literária

"Creio que o ideal é viver como se fôssemos imortais. Continuar nossa vida com os mesmos projetos e as mesmas ilusões com que começamos a viver. Isso é possível se fazemos o que gostamos, se nossa vida está dedicada a materializar uma vocação que significa que a recompensa obtida é o ato mesmo de exercitar essa vocação."
—Mario Vargas Llosa

Esta citação, retirada de uma entrevista concedida pelo escritor Llosa ao jornalista Ricardo Setti, logo após receber o Prêmio Nobel de Literatura, em 2010, instiga todo aquele que se interessa pelo tema da vocação e da sua relação com a escrita. Ali, como em tantas outras ocasiões, o autor conta como, em dado momento de sua vida, optou por ser escritor e que, a partir dessa decisão, dedicou-se com obstinada disciplina a "exercitar essa vocação".

Sobre a origem dessa disposição para inventar seres e histórias, que segundo Vargas Llosa é o ponto de partida da vocação de escritor, a explicação estaria na rebeldia. Precisa coragem para criticar a vida real e criar realidades fictícias com sua imaginação e desejos.

Para demonstrar a força desse chamamento, dessa

vocação para escrever, o referido autor usa o interessante exemplo das mulheres do século XIX que, para emagrecer, ingeriam comprimidos com ovos da tênia (ou solitária). Tal qual aquelas mulheres que levavam em suas entranhas esse horrendo parasita — que, ao se instalar em um organismo, o consome e dele se alimenta —, também o escritor carrega consigo uma espécie de solitária.

Ele diz que a vocação literária é uma dedicação exclusiva, uma prioridade na vida, uma servidão. E que essa vocação se alimenta do escritor como a solitária dos corpos que invade.

A *vocação religiosa*

"Um dia, rezando diante de uma imagem, pareceu ouvir essas palavras: à guerra, à guerra. Orsola pensou ser um chamado do céu para preparar-se a combater com armas, em uma missão semelhante à de Santa Joana D'Arc. Mas se enganara: ela deveria estar pronta para lutar pela sua vocação."
— Daniele Luchetti

Santa Verônica Giuliani (1660–1727), chamada Orsola ao nascer, pertenceu a uma rica família católica italiana da cidade de Mercatello. Criada por uma mãe extremamente religiosa, desde muito pequena conviveu com imagens e histórias de vida de santos e mártires, que procurava imitar.

Enquanto suas irmãs se preparavam para a entrada no convento, Orsola manifestou ao pai seu desejo de segui-las, ao que ele se opôs terminantemente. Esta filha, de beleza excepcional, havia sido a escolhida para se casar.

Já rico nesta época, o pai mostrou-lhe um mundo de luxo e elegância e a obrigou a aceitar a corte de inúmeros pretendentes. Mas, diante de sua obstinada recusa em aceitar qualquer um deles, Orsola é enviada de volta a Mercatello, aos cuidados do tio, que compartilhava das idéias de oferecer-lhe um bom casamento.

Entre tantas angústias ela adoeceu de um "mal difícil de ser identificado". Não demoraram a perceber que o mal era mais psicológico. Ela só melhorou depois que os familiares prometeram ajudá-la na vocação.

No convento, sua vida também não foi fácil. Marcada por uma sucessão de penitências, tão exageradas que chegavam a preocupar seus confessores.

Depois de aparecer com as chagas de Cristo nos pés e no peito (as estigmas), o Santo Ofício, em 1693, representado pelo seu confessor P. Ubaldo Antonio Cappelletti, exigiu que Verônica escrevesse sua autobiografia. Além da obrigatoriedade de escrever e reescrever suas memórias, outras medidas rigorosas foram tomadas pelo Santo Ofício: Verônica foi submetida a humilhações e a "provas verdadeiramente desumanas", impedida de comunicar-se com os familiares e afastada da função de professora das noviças.

Somente em 1716, convencidos da veracidade de suas experiências, os representantes do Santo Ofício suspenderam as ordens disciplinares e Verônica retomou suas funções, sendo eleita abadessa do convento, cargo que ocupou até 1727, ano da sua morte.

Tendo contrariado o pai, descartado os prazeres de uma vida luxuosa, resistido aos ataques das irmãs e da superiora do convento, sobrevivido às exigências do Santo Ofício e afirmado em seus escritos, Verônica foi exemplo de perseverança no cumprimento de um chamado para o qual dizia ter sido um dia convocada.

A vocação clínica

"*O clínico é convocado por uma voz, sempre complexa e misteriosa, que, se escutada do ponto de vista pulsional, refere-se às doenças. E o que almeja o clínico quando atende a essa voz pulsional, que é a expressão de um desejo de cura? No fundo desse desejo de cura não estaria o desejo de eternidade?*"
—Manoel Tosta Berlinck

O que seria, para Berlinck, essa voz indefinida, sem corpo, esse chamamento que invoca e nos convoca, levando a uma ação? Expressão de uma energia e, portanto, de uma pulsão, essa voz (do latim *evocare*), clama e exige sentido. Dependendo de sua origem dentro do aparelho psíquico—se vem do superego, por exemplo—, ela pode nos convocar para destinos muito pesados, aos quais nem sempre se quer ou se pode corresponder. E o sentido que damos a essa voz—a sua tradução em palavras—, chamamos de vocação.

Ter uma vocação, no entanto, por si só não basta. Primeiro, porque nem sempre ela é clara: para alguns, é no decorrer da vida que essa vocação vai se definindo. E depois porque ela, para que se concretize, necessita da formação, que é o processo de dar forma e direção à voz, estabelecendo limites e orientando o caminho para a sua realização.

Um caminho cheio de percalços, que sofre resistência e solicita persistência e grande dispêndio de energia, mas o único—a via do trabalho—que leva à realização do sonho vocacional e, portanto, à realização de um desejo.

A formação do clínico—como a do escritor—exige, inicialmente, um mergulho na tradição. O clínico deve estudar profundamente aqueles que construíram os pilares da psicanálise. Outro passo para a formação do clínico é a sua própria clínica, lugar por excelência em que poderá ultrapassar os discursos tradicionais e construir seu próprio discurso, baseado em sua experiência e pesquisa.

Clinicar seria a possibilidade de construir uma linguagem, um universo simbólico representativo de sua própria existência. Ainda segundo Berlinck, o principal obstáculo psíquico à formação—seja de um escritor, monge ou clínico—, é a indolência. Pecado promovido pela acídia, um demônio que ataca com distrações, desvia a atenção e impede a ação, esse demônio do meio dia,—que se opõe à perseverança—, possui longa tradição na religião medieval e constitui um dos pecados capitais: o pecado da indolência.

A única saída para escapar da acídia é a obsessão. É, como diz Mario Vargas Llosa, "assumir sua vocação como um cruzado, entregando-se a ela dia e noite, com uma convicção fanática, exigindo-se até extremos indizíveis."

A recompensa é o prazer de ter respondido e correspondido a um chamado de origem obscura, nascido de algum ponto perdido da memória.

Um artista da fome, de Franz Kafka

Kafka nasceu em Praga, em 1883, e morreu precocemente, em 1924, em Kierling, cidade próxima a Viena, em decorrência de tuberculose. Embora tenha começado a escrever por volta dos 15 anos, Franz Kafka, filho de uma família judia de classe média, teve sua obra publicada apenas postumamente, graças a Max Brod, amigo e testamenteiro, que desobedeceu a orientação de incinerar sua obra não publicada.

Sua infância, influenciada pelas culturas alemã, judaica e tcheca, foi vivida em clima opressivo e dominado por uma figura paterna rígida e pouco afetuosa. Essa relação é retratada em seu livro *Carta ao Pai*, que consiste na publicação póstuma de uma carta que Kafka escreveu em 1919 para seu pai, mas nunca chegou a ser enviada. É um convite ao estudo de sua relação ambígua com o pai. Kafka trabalhou durante toda a sua vida como agente de seguros; por um breve período, tentou seguir a carreira de escritor, mas desistiu rapidamente.

Após a publicação de sua obra, nos anos de 1920, ganha a admiração de André Breton, Jean-Paul Sartre, Albert Camus e outros intelectuais. Seus livros, já bastante famosos, foram queimados e proibidos durante o Nazismo, considerados como obra de um artista "judeu e degenerado".

A maior parte de seus escritos seria apropriada de estar neste livro, como A *Metamorfose* (1916), *O Processo* (1925), *O Castelo* (1926), *Na Colônia Penal* (1948–1949) e outros mais. Sua obra, carregada de espanto, ausência de lógica e próxima de um pesadelo, deu origem ao termo kafkaniano.

Por que ler?

Um artista da fome é a história de um jejuador profissional que, dentro de uma jaula, se exibia ao público das cidades europeias, permanecendo sem comer por um período de 40 dias. Esse prazo, estipulado por seu empresário — o tempo necessário para manter o interesse do público —, constituía uma verdadeira ofensa ao artista da fome, que afirmava ser capaz de jejuar por muito mais tempo. Vigiado dia e noite por voluntários, o artista irritava-se profundamente com o fato de alguns deles afrouxarem a vigilância, distanciando-se da jaula para dar-lhe a chance de comer escondido, ao que ele reagia assobiando e cantando, com o intuito de provar que não estava comendo, mas aí sim achavam prodigioso que ele pudesse comer e assobiar ao mesmo tempo. Outra ofensa, suprema humilhação!

Com o passar dos anos, no entanto, o interesse do público diminuiu a tal ponto que foi necessário procurar outro meio de vida. Já velho e sem preparo para exercer qualquer outra profissão, o artista demitiu o empresário e empregou-se em um grande circo, alegando que, se o deixassem jejuar pelo tempo que quisesse, "encheria o mundo de espanto". Atendido em seu pedido, foi colocado em uma jaula e aí ficou, esquecido, sem que ninguém mostrasse interesse por ele. Descoberto muito tempo depois, extremamente fraco, declarou antes de morrer que jejuara a vida toda porque não pudera evitá-lo. Simplesmente não encontrara o alimento certo para satisfazê-lo. Em seu lugar, foi colocada uma grande pantera que chamava a atenção de todos que por ali passavam, fascinados pela força e nobreza de seu corpo, dando "a impressão de carregar consigo a própria liberdade".

O final do século XIX foi realmente a época dos artistas da fome, homens que exploravam sua emaciação extrema e sua extraordinária abstinência de comida. Inicialmente buscando dinheiro em feiras, passaram a se apresentar, posteriormente, em circos e parques de diversões. Os chamados "esqueletos vivos", também no século XIX, mostravam um corpo extremamente magro, mas ao contrário dos artistas da fome, não jejuavam publicamente, apenas exibiam sua magreza. Dizia-se, sobre alguns, que eram quase transparentes, podendo-se enxergar a luz de uma vela através de seu corpo. A época a que Kafka se refere no conto sugere essa mudança na compreensão da anorexia nervosa: na Idade Média ocidental, era entendida como sinal de santidade; depois, de bruxaria; em seguida, era vista como espetáculo; e, finalmente, no século XX, como doença.

Além do elemento histórico, contudo, o profissional da saúde mental atento reconhecerá, no artista da fome, muitos dos sinais de um quadro de anorexia. Aliás, tão bem descritos que sugerem que o próprio Kafka, que viveu de forma ascética, tinha um transtorno alimentar. Ali estão expostos o orgulho do anoréxico, o ideal absurdo de um jejum sem limites, o deleite em observar o outro se alimentando, o estado de humor melancólico, o campeonato de magreza cujo prêmio é a morte.

Por fim, a vitalidade e a liberdade da pantera se contrapõem brilhantemente à impossibilidade de escolha do anoréxico: o jejum autoimposto não é uma escolha, é uma doença. O artista da fome precisava jejuar, não tinha como evitá-lo. "Porque eu não pude encontrar o alimento que me agrada. Se eu o tivesse encontrado, pode acreditar, não teria feito alarde e me empanturrado como você e todo mundo". Para desespero do clínico, no entanto, não há alimento que possa satisfazer um sujeito com esse quadro.

Uma história sem nome
— J. Barbey d'Aurevilly

Jules Amédée Barbey d'Aurevilly (1808–1889), novelista, poeta, crítico literário, jornalista e polemista, nasceu em Saint-Sauveur-le-Vicomte, na Normandia, no seio de uma família aristocrática e extremamente católica. Estudou Direito em Caen, onde foi influenciado temporariamente pelas ideias liberais. No entanto, logo após sua chegada a Paris, passou a levar uma vida extravagante, de muitos gastos e refinamentos de dândi, até que a família, arruinada, perdeu seus bens e Jules Amédée precisou sobreviver modestamente como jornalista.

Além de seus textos polêmicos, que se caracterizam pela crítica à modernidade, ao positivismo ou à hipocrisia dos grupos católicos, escreveu 1.300 artigos sobre temas literários. Sua ficção, um conjunto de novelas ambientadas em sua Normandia natal, mistura elementos de romance e fantasia, mesclando realismo histórico com o simbolismo decadente. Sua obra mais famosa, hoje, é uma coleção de pequenas histórias organizadas sob o título de *Les diaboliques* (1874), em que imperam o incomum e a transgressão. Na época, os exemplares foram imediatamente confiscados e o autor processado por "ultraje à decência e à moral pública".

Em 1882, publicou *Une histoire sans nom. Ni diabolique ni céleste, mais... sans nom*, cuja heroína, Lasthénie, morreu em decorrência de uma hemorragia autoprovocada. O autor situa sua novela na França de finais do século XVIII, em uma nobre mansão onde vivem três mulheres: a baronesa de Ferjol, viúva, sua velha criada Agatha e sua filha adolescente, Lasthénie.

Por que ler?

Em 1967, o hematólogo francês Jean A. Bernard (1907–2006), professor e diretor do Instituto de Leucemia da Universidade de Paris, descreveu pela primeira vez uma entidade psicopatológica caracterizada por anemias resultantes de hemorragias autoprovocadas, a que chamou de Síndrome de Lasthénie de Ferjol numa referência à trágica experiência de Lasthénie de Ferjol.

Os estudos de Bernard, publicados coletivamente sob o título *Les anémies hypochromes dues a des hémorragies volontairement provoquées*, tiveram como base o acompanhamento de 12 pacientes do sexo feminino, com idade entre 20 e 42 anos, que apresentavam anemia ferropriva idiopática. Posteriormente, Bernard observou que estas anemias eram secundárias a hemorragias por automutilações e que ocorriam quase que exclusivamente entre mulheres que exerciam profissões médicas ou paramédicas, enfermeiras, religiosas e outras profissões que exigem "devoção e abnegação". Além disso, afirmou ser significativa sua presença em pacientes que sofreram de anorexia na puberdade e que apresentam uma "megalomania masoquista" colorida de heroísmo: continuam suas atividades profissionais ou escolares ainda que em um estado de desnutrição ou anemia avançadas. Por outro lado, essa acentuada hiperatividade para o trabalho se contrapõe a uma significativa insatisfação pessoal e incapacidade para experimentar emoções.

A relação singular entre a baronesa de Ferjol e sua filha Lasthénie é o tema central dessa novela—Uma história sem nome—que, segundo dizem, caiu nas mãos de Jean Bernard por acaso, durante uma viagem de trem. O hematologista notou semelhanças perturbadoras entre os casos clínicos que observou e a heroína do romance, Lasthénie de Ferjol.

Tendo enviuvado prematuramente, Mme. de Ferjol retira-se com sua filha Lasthénie para um castelo isolado na Normandia, compartilhando com ela todos os momentos de uma vida monótona e solitária. Certo dia, Mme. de Ferjol, muito católica, dá abrigo a um jovem capuchinho que pedia hospedagem durante os dias da Quaresma e que abandona o local repentinamente, antes mesmo do término deste período. Após a saída do monge, a jovem passa a sofrer um langor estranho, que a velha serva atribui a um feitiço lançado pelo monge. Na verdade, Lasthénie está grávida e a baronesa, ao descobrir o fato, passa a exigir que a jovem revele o nome do pai da criança. Lasthénie, desesperada, clama sua inocência e insiste não saber quem a violentou. A mãe ameaça arrancar-lhe "esse nome maldito", mesmo que, se necessário, arrancando-o das entranhas da filha, "junto com o seu filho."

Em seguida Lasthénie adoece: começa a perder peso, torna-se cada vez mais pálida e tranca-se em absoluto silêncio. Finalmente, dá à luz um natimorto e morre. Após sua morte, Mme de Ferjol tira as roupas da filha e descobre que a jovem havia enterrado dezoito alfinetes em seu peito — um a cada dia —, na altura do coração, provocando pequenas porém contínuas hemorragias.

A história acaba quando o monge Riculf, arrependido, revela a verdade antes de morrer, no monastério para onde havia se retirado: ele havia violentado Lasthénie quando ela estava em um estado de transe, durante uma crise de sonambulismo.

Considerada como uma curiosidade clínica, a Síndrome de Lasthénie de Ferjol suscita, hoje, grande interesse entre os profissionais da saúde. Essas hemorragias autoprovocadas são difíceis de evidenciar em razão do poder de dissimulação das pacientes, que em segredo provocam sangramentos que podem ser externos (na dobra interna do cotovelo ou na virilha) ou internos (nariz, garganta, bexiga). Os hematologistas veem chegar aos hospitais essas pacientes em uma "oferenda" de sua anemia extrema, cuidam delas por meio de transfusões até o dia em que percebem que se trata apenas de uma farsa. E ainda é necessário que eles levantem a suspeita, pois a paciente só revelará o segredo de sua prática em último caso.

PARTE IV

Entre o prazer e a culpa

* * *

NOTA DO EDITOR:

Aqui estão ensaios e artigos sobre Transtornos Alimentares, especialmente a Anorexia Nervosa, especialidade de Cybelle.

Alguns desses textos são inéditos; outros já foram publicados, porém guardam atualidade.

Basicamente, neles encontramos dois temas: conhecer a doença e como tratá-la.

Retirei trechos excessivamente teóricos, adequados para publicações científicas, não para este livro de homenagem e divulgação.

A preocupação com a saúde (e com a balança) não pode tirar o prazer de comer.

"Várias vezes comi chocolate escondido das minhas filhas na lavanderia", conta a mãe de duas meninas, uma de seis anos e outra de quatro. *"Já me pegaram no flagra e eu disse que era maçã"*, confessa.

Ela não é a única. Entre o desejo de ensinar às crianças uma alimentação saudável e a própria busca pelo prazer por meio da comida, muitos pais acabam adotando posturas controversas, que podem influenciar de forma negativa os hábitos alimentares dos filhos.

Ninguém discute que é preciso moderação com doces e *junk food*. Mas criar uma lista de alimentos "proibidos", em vez de desencorajar o consumo, costuma causar o efeito contrário, instigando o interesse dos pequenos. A tendência é que, quando a criança tiver a oportunidade de comer tudo o que não pode, ela vai exagerar. Sendo privada de tudo, quando vai a uma festa passa mal de tanto comer brigadeiro e tomar refrigerante.

Mais do que isso: ao abominar certos alimentos, cria-se

a ideia de que há comidas "boas" e "más", o que não é real. O alimento é ruim se faz mal para você. Essa classificação segundo a qual alface é bom e chocolate é ruim é muito perniciosa. Mesmo porque o prazer é um atributo intrínseco à alimentação. Seres humanos não comem apenas por necessidade, mas também porque é gostoso. Afetivamente, toda relação da criança com a família passa pelo alimento, começando pelo leite, que não é só sinônimo de nutrição, mas também de vínculo e prazer.

Frases como "essa comida é gorda" ou "não vou comer porque engorda" trocam prazer por culpa. Comer um alimento "proibido" vira uma transgressão. "Essa relação disfuncional com os alimentos construída na infância pode perdurar até a vida adulta e se tornar um fator precipitante no desenvolvimento de transtornos alimentares, como anorexia nervosa, bulimia nervosa e compulsão alimentar", explica a nutricionista Marcela Salim Kotait, do Programa de Transtornos Alimentares do HC FMUSP—Ambulim.

Para isso, o caminho é um só: desmistificar o consumo de doces e outras guloseimas e, ao mesmo tempo, oferecer uma alimentação variada, em que se tenha acesso a tudo, de forma equilibrada. É preciso, portanto, que se abandone com urgência a máxima "Coma o que eu digo, não coma o que eu como". (Revista Crescer, 2016.)

As meninas-roseira: anorexia nervosa e prevenção

Em visita ao Chile, uma imagem remeteu-me, subitamente, às meninas que sofrem de Anorexia Nervosa. Nas vinícolas dos grandes vales, ao pé da Cordilheira dos Andes, roseiras florescem na frente das colunas de vinhas. A visão, intrigante e de uma beleza extraordinária, sugere inicialmente o capricho do vinicultor e seu desejo de embelezar o vinhedo. No entanto trata-se de prevenção: no caso de uma praga atingir a região, as roseiras, por serem mais sensíveis, serão as primeiras a exibir os sinais da doença. Funciona, assim, como um alerta e permite que as uvas sejam salvas.

Pensei, então, nessas meninas que morrem anoréxicas, meninas-roseira lindas e sensíveis, que com sua morte silenciosa alertam para os males causados pela praga do momento: a exigência desproposital de magreza. Cerca de 20% das anoréxicas morrem devido a complicações do quadro ou suicídio. E só agora esse fato vem sendo veiculado pela mídia. Por isso, ainda que tardiamente, são corretas as medidas tomadas pelas agências de modelos no sentido de proteger essas meninas-roseira das passarelas. Mas e nós, os profissionais da saúde, como nos posicionarmos frente a essa "praga" que se alastra?

Conhecer a doença: a melhor forma de ajudar

A moda atual é apenas um dos fatores responsáveis pelo desencadeamento da Anorexia Nervosa. Ainda que não seja o único, sua importância é capital, por envolver a questão da imitação.

Jovens anoréxicas têm tido dificuldade, ao longo de sua infância, de manifestar seus desejos e sentimentos frente aos pais, parecendo agir sempre em resposta à expectativa de outros. Apresentam, também, grande dificuldade em perceber as experiências corporais, o que as leva a não confiar em suas próprias sensações e sentimentos. Tendo dificuldade em identificar seu próprio corpo, olham para ele como algo separado de si ou como pertencente a seus pais. Em outras palavras, poderíamos dizer que, frente à angústia da ausência de uma identidade, é menos desesperador ser anoréxica do que não ser ninguém.

Sabendo que a imitação é um fenômeno que ocorre normalmente na adolescência e especialmente entre jovens propensos a desenvolver um transtorno alimentar, duas questões se impõem. Uma é a da responsabilidade dos estilistas e produtores da moda, que ao promoverem nas passarelas imagens glamourosas de meninas esquálidas, motivam um batalhão de adolescentes que as tomam por modelo.

Todas querem ser magras como elas, ainda que o preço seja a saúde física e mental.

Outra questão é a da prevenção, uma vez que a sugestão faz das políticas de prevenção uma polêmica. A literatura comprova que programas de prevenção dos transtornos alimentares em escolas acabam obtendo resultados contrários aos esperados, uma vez que levam a um aumento da restrição alimentar.

Quanto aos programas de prevenção primária, que têm por objetivo desenvolver a análise crítica dos adolescentes, a aceitação do próprio peso e chamar a atenção para os benefícios de uma boa alimentação, os resultados são melhores.

Por que alguns jovens ficam anoréxicos e outros não? Porque são necessárias condições psicológicas para tanto. Meninas e meninos que ficam anoréxicos têm um perfil comum, um tipo de personalidade perfeccionista, que os leva a perseguir um ideal de magreza. Têm um histórico de bons filhos e bons alunos, crianças obedientes e dóceis, com muita dificuldade para expressar sua vontade. Dependentes e apegados a seus pais, sentem a adolescência como algo perigoso. Deixar de comer e manter um peso abaixo do esperado é, sem dúvida, um meio de manter os cuidados e a dependência infantil.

O tipo de personalidade, assim como fatores genéticos,

culturais e familiares são pré-condições para o desenvolvimento de um transtorno alimentar. Sem eles, é pouco provável que o transtorno se desenvolva.

Por outro lado, é necessário que haja também um fator precipitante, desencadeador do processo: uma dieta, situações de separação ou perda. É comum ouvir de pais de pacientes anoréxicos que eles se separariam, mas não o fazem porque precisam cuidar do filho ou da filha doente. Ou que estão esperando sua cura para poderem separar-se. Segundo Brian Lask, é preciso que existam os três fatores concomitantemente para que ocorra um transtorno alimentar.

O que a família pode fazer?

A família tem um papel preponderante na questão da Anorexia Nervosa: na sua gênese, na sua manutenção e no tratamento.

Na sua gênese, porque estudos mostram que as famílias de meninos/meninas anoréxicos tendem a ter muita dificuldade em estabelecer limites, expor seus conflitos, lidar com as situações de separação e luto e viver uma sexualidade adulta. Lembram aqueles vinhedos lindos e ordenados, com uma bela roseira na frente, a primeira a dar mostras de que as coisas não vão tão bem assim.

Na sua manutenção, porque, em muitos casos, não conseguem acompanhar o processo da adolescência dos filhos, que supõe separação, individuação e autonomia deles. E no tratamento, para que possam elaborar esses lutos e aceitar o crescimento e amadurecimento de seu filho.

É por isso que a inclusão da família no tratamento da Anorexia é tão importante. A orientação à família é fundamental para que os pais entendam e colaborem com o tratamento. Infelizmente, nem sempre se consegue a colaboração da família. Muitos pais resistem a ver que, por trás daquela "mania de fazer dietas", está uma doença grave.

Aí está nossa responsabilidade social: enquanto passarmos aos jovens a mensagem de que só magro faz sucesso e que "quanto mais magro, melhor", por que eles abandonarão esse projeto de morte?

Non Ducor Duco[*]
Sobre a necessidade imperativa de controle nos Transtornos Alimentares

Sentada na poltrona à minha frente, uma jovem de 17 anos, conta mais uma vez como foram as brigas em sua casa. Na maioria das vezes elas ocorrem porque os pais insistem para que ela coma. Muito magra e com sinais de anorexia nervosa, não aceita que decidam o que e quanto ela deve comer.

Mas, desta vez, o motivo da discussão não foi a comida. Ela está revoltada porque a mãe interfere demais em seu namoro, questionando e "se intrometendo em tudo". E na noite anterior a essa sessão, depois de ouvir a mãe contar ao pai algo que havia descoberto sobre ela e o namorado, começou a gritar e correu para o seu quarto, onde se trancou por várias horas até se acalmar.

Este fato chamou minha atenção porque não era a primeira vez que dizia que trancada em seu quarto, quieta e olhando para as paredes, conseguia uma tranquilidade. Diferentemente de outros adolescentes, não era no computador, ao celular ou com o som alto que conseguia se acalmar. Era na quietude e na imobilidade que parecia se recuperar. Pedi, então, que o descrevesse para mim. De início, uma descrição de quarto comum de garotas, com livros, CDs, bichos de pelúcia, pôsteres. E, de repente, um item inusitado: uma grande bandeira da cidade de São Paulo, esticada na parede em frente à sua cama. Eu lhe digo apenas: Non ducor duco! E ela sorri para mim, satisfeita por ter sido compreendida: não quer que se intrometam na sua vida. Ela deseja conduzir sua própria vida.

Podemos ir um pouco adiante desse fato. A clínica nos mostra que além de quererem conduzir suas vidas, como acontece com a maioria dos adolescentes, jovens com anorexia controlam a fome e outras necessidades corporais, a família que fica impotente frente a uma vontade férrea que as deixa à beira da morte, e se possível também desejam controlar a equipe que conduz o tratamento.

Há o desejo da jovem de conduzir e não ser conduzida porque em sua vida ela foi controlada, esse é apenas um dos muitos exemplos que ouvimos na clínica dos Transtornos Alimentares.

"Com Lactopurga VOCÊ controla seu intestino!"

Impossível não associar a frase acima, uma propaganda de laxante veiculada nos meios de comunicação, com os relatos de pacientes que exigem, de seu corpo, uma submissão total às suas determinações: peso, altura (uma paciente anoréxica queria chegar a medir 1,80m, a qualquer custo), o que e quanto comer, vomitar, evacuar, ainda que, para isso, conduzam seu corpo a um estado de sofrimento indescritível.

Como compreender, então, o sentido dessa guerra, cuja batalha final leva à morte do corpo e impede que a vitória seja saboreada pelo vencedor? O que levaria alguém a viver de um modo miserável, em nome de algo estabelecido como meta?

A resposta pode ser encontrada no comentário de uma jovem anoréxica a respeito de uma modelo morta por inanição: tiro o chapéu para quem morre magro. Mas tem que morrer magro de anorexia, não vale morrer magro de câncer ou de AIDS.

Uma frase como esta, impactante e absurda num primeiro momento, pode, no entanto, trazer alguma luz para o entendimento desse conflito. Porque, em última instância, trata-se de um conflito. Um conflito entre aquilo que se quer e aquilo de que o corpo necessita para continuar vivendo. Em outras palavras, entre um superego massacrante e um corpo indefeso, que sucumbe nesse embate.

Essas manifestações são expressões de uma necessidade de controle obsessivo ou sintomas de um quadro melancólico? A que se deve esse desejo de controle?

Independentemente de ser um sintoma melancólico ou obsessivo, a necessidade vital de controle é um recurso último, radical, surgindo diante da impossibilidade de controlar qualquer outro aspecto da vida.

Outra característica marcante desses pacientes é o seu discurso auto-acusatório, do tipo "Coitada da minha mãe, como eu a faço sofrer...", e sempre protetor da figura materna. Como entender essa fala, constatada facilmente na clínica? E por que essas mães permitem que seus filhos ou filhas arrisquem a vida gastando até a última de suas calorias em atividades físicas, ou que deixem filhos com ideação suicida administrarem a própria medicação?

Essas observações nos fazem lembrar, primeiramente, do conceito de identificação com o agressor, mecanismo de defesa inicialmente descrito por Ferenczi em 1932 e depois por Anna Freud, em 1936. Como explicam Kahtuni e Sanches no Dicionário do Pensamento de Sándor Ferenczi.

Pensemos sobre o processo da adolescência, momento crítico e propício para o desenvolvimento de um transtorno alimentar: na puberdade, é natural e esperado que a criança comece a ter uma visão mais crítica de seus pais. Pais heróis caem por terra e é preciso suportar a raiva e a dor da perda, aceitando os pais reais e encarando a necessidade de entrar no mundo adulto, precisando abandonar o "paraíso" da infância.

Porém, para a menina sem forças emocionais para elaborar esse luto, restaria apenas uma saída: incorporar a mãe idealizada, afastando a dor da desidealização. Comprometendo o processo de identificação, ela estaria impedida de seguir em frente no caminho em direção à feminilidade: quando deveria imitar a mãe, busca apagar em si qualquer traço lembrando um corpo de mulher.

Considerando estes aspectos: necessidade de controlar, recusa em aceitar a realidade, dificuldade em elaborar perdas, discurso autoacusatório, podemos associar os transtornos alimentares à melancolia e com isso chamar a atenção para a sua gravidade.

*A *frase em latim* Non Ducor Duco, *que aparece escrita no brasão da cidade de São Paulo, significa "Não sou conduzido, conduzo".*

"Cabeça Vazia é oficina do diabo"
—uma compreensão psicanalítica da depressão na Anorexia Nervosa*

Por que elas pioram quando melhoram?

Essa questão se impõe como um enigma a todos os profissionais que acompanham pacientes portadoras de Anorexia Nervosa. Quando internadas, chegam sem entender o motivo de espanto de todos diante de sua magreza. Com o início do tratamento e consequente saída da crise, essas pacientes afirmam que "estão se sentindo pior", "deprimidas", e fazem de tudo para deixar a internação, com o firme propósito de perder peso novamente.

Assim, cabe perguntar de que "depressão" está se falando. Será que médicos e psicanalistas estão falando da mesma depressão? Trata-se de um episódio depressivo ou de um estado melancólico o que vemos?

A característica mais marcante da melancolia é essa insatisfação com seu próprio ego. No melancólico, "uma parte do ego se coloca contra a outra, julga-a criticamente e, por assim dizer, toma-a como seu objeto", segundo Freud.

O ego sendo igual ao objeto, há uma recusa do melancólico em perdê-lo. O vínculo que ele tinha com o objeto, passa a ter com seu ideal. Assim, uma parte do ego, dividido, pode atacar a outra parte, identificada com o objeto. Daí ser possível dizer do melancólico que ele não está atacando a si mesmo, mas àquele a quem está identificado.

Na "Classificação de transtornos mentais e de comportamento" da CID-10, da Organização Mundial de Saúde, não encontramos a melancolia, mas sim a "depressão grave" contrapondo-se à mania. E os "episódios depressivos", caracterizados pelo humor deprimido, perda de interesse e prazer e energia reduzida, levando a uma fatigabilidade aumentada e atividade diminuída.

Outros sintomas comuns são a concentração e atenção reduzidas, autoestima e autoconfiança reduzidas, ideias de culpa e inutilidade, visões pessimistas do futuro, ideias de suicídio, sono perturbado, apetite diminuído.

Assim, a depressão de que se queixam as anoréxicas no momento de aumento de peso não é essa descrita acima, mas tem muito mais a ver com a melancolia descrita pela Psicanálise. O vazio por elas descrito é mais um sintoma de um estado melancólico de acordo com a teoria freudiana.

Violante (1994) observa que crianças mal-amadas, isto é, crianças que perderam o amor materno prematuramente, desenvolvem uma "potencialidade melancólica".

Penso que as meninas anoréxicas, de certa forma, foram crianças mal-amadas, uma vez que não foram vistas como seres únicos e desejantes.

"Cabeça vazia é oficina do diabo"

Esta frase me foi dita por uma paciente de 18 anos internada no Ambulim. Apesar da sua magreza escandalosa, ela estava convencida de que não tinha nada e não entendia a preocupação dos demais com a sua sobrevivência.

No entanto, assim que começou a ganhar peso, isto é, a melhorar fisicamente, começou sua queixa de que estava piorando. Queixava-se, principalmente, de que antes tinha pensamentos obsessivos sobre comida, peso, calorias, mas que agora, internada, não adiantava se preocupar com isso, porque era obrigada a comer. Sua cabeça, vazia desses pensamentos, começou a se ocupar da sua real situação familiar.

Começou a se dar conta do seu abandono na enfermaria, não recebia visitas, sua mãe não vinha vê-la. Deprimida, chorava muito e dizia saber que quando saísse da internação, a mãe não iria "bancá-la".

Dizia, na terapia, que estava percebendo que a sua família não era tão legal assim, que sua mãe a abandonara "como sempre", mas que a adorava e não queria culpá-la por nada. E aí dizia: "Está vendo? São pensamentos de cabeça vazia."

Sobre seu pai, que sempre a deixou fazer tudo o que queria, dizia—"Ele me deixou solta". E concluía: "Ele bem poderia ter facilitado as coisas para mim!".

Outras garotas dizem o mesmo durante a internação: "Antes eu estava bem, sem problemas, só queria estar magra, e agora estou mal, sem projetos para a minha vida".

De quais abandonos elas falam?

Do abandono real durante a internação, do abandono frente às dificuldades da adolescência ou do abandono de um bebê que não teve seu sofrimento acolhido?

Penso que a mãe dessas meninas, no momento de instauração do psiquismo, ofereceu o alimento concretamente, isto é, fez uma cisão entre o alimento e a referência que o alimento traz, suprindo apenas a demanda de alimentar, mas impossibilitada de oferecer tudo o mais que acompanha o alimento—a demanda de amor.

É a chamada mãe funcional, que ofereceu apenas o alimento, mas negou o "algo mais".

Além disso, faz parte da função materna segurar esse bebê, envolvê-lo carinhosamente, contê-lo. O sentimento de estar vivo, de se reconhecer como tal, se dá primeiro pelo toque da mãe no corpo do bebê. Só depois ele reconhece aquilo que está fora desse corpo. Portanto o limite do seu corpo, o seu contorno, é a mãe quem lhe dá.

Essas meninas não sabem se estão gordas, magras, se esparramando... Não sabem a forma do seu corpo, porque isso nunca pode ser interiorizado. Elas não conseguem se ver, pois nunca foram vistas. Para que alguém se veja, é preciso que antes seja visto pelo outro. O bebê vai ser espelhado nos olhos do outro—"sou visto, logo existo".

Bidaud e Dolto situam a origem da Anorexia entre os três e os seis anos de idade, no momento da constatação das diferenças genitais, quando as meninas atingem o saber de sua pertinência sexual e o orgulho, narcisicamente gratificante, de se tornarem mulheres como suas mães. Tentando agradar o pai, a menina faz-se sedutora e desenvolve qualidades femininas, na ânsia de suplantar sua mãe aos olhos dele. Mas, para que tenha êxito nessa sua entrada no Édipo, é preciso que o pai também a olhe sedutoramente, mas, ao mesmo tempo, firmemente colocado sob a lei do incesto.

No entanto, um pai fraco, desqualificado pela mãe na sua função de pai e de marido, "deixa a filha solta", como disse a paciente. A quem ela deverá contentar ou descontentar?

Segundo Dolto, o casal de pais da anoréxica vive de maneira infantil, num clima que pode ser agradável ou desagradável, mas assexuado. E adviria daí o medo consciente dessas meninas de engordar, mas com um significado inconsciente de criar barriga, engravidar. Lembremos uma das teorias sexuais infantis, de que os bebês crescem na barriga por causa dos alimentos ingeridos.

Apagar os contornos arredondados femininos do seu corpo teria, além do objetivo de disfarçar os desejos incestuosos pelo pai, que transparece numa relação conflituosa, agradar também a mãe, que nunca a considerou uma jovem tornando-se mulher.

Eis aí o enigma: para a jovem identificada com a mãe, a Anorexia foi o único recurso para diferenciar-se dela. Ganhando peso, aproxima-se perigosamente daquele "espaço de tentação" e domínio em que já esteve presa. Ganhar peso seria perder a identidade adquirida.

O desafio na clínica: o que fazer?

Segundo Jeammet, seria o de compreensão dessa patologia, deixando de associá-la à histeria, como o fazia a Psicanálise tradicional, e dirigindo o foco para o narcisismo e as relações objetais.

A anorexia e a bulimia apontariam para uma fragilidade narcísica, um arranjo defensivo, em que as relações com objetos materiais substituem as relações humanas, sentidas como perigosas. A aproximação afetiva com alguém é sentida como uma ameaça narcísica, o que explicaria, segundo ele, a resposta depressiva à melhora do seu estado. Abandonando as condutas anoréxicas, a paciente estende sua conduta anoréxica a outros investimentos, levando a uma fase depressiva do seu estado. O perigoso, segundo Jeammet, é entrarmos no desafio de impor-lhes uma cura por meios coercitivos.

Seguindo essa linha de raciocínio — de que o sintoma anoréxico é a salvação psíquica dessas meninas — ainda que com o risco da morte real —, impõe-se a necessidade de um acompanhamento psicoterápico que reconheça essa dinâmica.

No entanto, esse é um longo processo, ainda mais se levarmos em conta que elas se apegam ferrenhamente aos seus sintomas e que não as temos como aliadas ao tratamento.

Frente à crise, à beira da morte, há uma urgência tal que outras linhas de acompanhamento, tidas como comportamentais, são bem-vindas.

Realmente, uma teoria só não dá conta da clínica, mas fiquemos atentos. Como afirma Mezan: "o olhar severo de Freud paira sobre nós todos, advertindo-nos que o enigma e a esfinge não desaparecem pelo expediente de voltar à cabeça e sonhar que eles não existem".

PARTE V

Projeto de um livro

* * *

NOTA DO EDITOR:

Cybelle estava sempre escrevendo. Eram teses, artigos, ensaios, reflexões. O seu maior projeto, quando morreu, era este livro delineado abaixo.

Assim trabalhava: tudo organizado.

Deixo o projeto aqui.

Ela ainda não havia decidido o título, se Mulheres sem limites *ou* Mulheres excessivas.

Mulheres sem limites:
manifestações do feminino na história do Ocidente

INTRODUÇÃO

Em trabalhos anteriores, nos artigos, dissertação de mestrado, tese de doutorado, livros, fora abordado o tema das santas jejuadoras, exemplos de mulheres obstinadas em sua recusa aos casamentos arranjados e perseverantes nos seus propósitos de santidade, ainda que o caminho para alcançar esse ideal fosse o suplício e a morte.

No atendimento a pacientes com transtornos alimentares, observa-se algo semelhante: a obstinação das anoréxicas, a busca da perfeição a qualquer preço, a voracidade na bulimia e no comer compulsivo. A falta de limites caracteriza essa *clínica dos excessos*. A própria menstruação, que marca o tempo e os ciclos vitais, é suspensa nos casos mais graves.

NAS TRAGÉDIAS

Personagens da ficção, dos mitos, das lendas:
o que nos dizem do humano?

Santa Liberata *(obstinação)*
Lady Macbeth *(ambição)*
Medeia *(ódio, vingança)*
Fedra *(amor rejeitado)*

MULHERES EXCESSIVAS

No ódio

No amor

Na vingança

Na fé

Na crueldade

Na ambição

Na sexualidade

MULHERES SEM LIMITES:

As que fizeram da arte e da criação uma
forma magnífica de lidar com a dor.

Anna Akhmátova

Callas

Camille Claudel

Chanel
Florbela Espanca
Frida Khalo
Sóror Ignês De La Cruz
Verônica Giuliani
Lucrécia Bórgia

MULHERES MODERNAS

Executivas, mães, esposas, donas de casa, magras, corpo sarado! E sempre cansadas.

As mulheres modernas estão sem limites, ainda que nem todas possam ser tomadas como excessivas.

CONCEITOS PSICANALÍTICOS
A SEREM ABORDADOS

Sublimação
Luto
Melancolia

※ ※ ※

Breves anotações

※ ※ ※

CALLAS

Uma das maiores sopranos da história do século XX, Callas nasceu em Nova York em 1923, filha de imigrantes gregos. Mulher geniosa, dramática, poderosa viveu forte paixão com o magnata grego Onassis. Perdeu um filho no parto, foi abandonada por Aristóteles, que se casou com Jackie Kennedy.

Sofreu crises de sinusite que comprometeram sua voz. Dor, muitas dores. Na apresentação de *Tosca*, dirigida por Franco Zeffirelli, no Covent Garden, o ultraje ao ver fotos de Ari e Jackie na Grécia resgatou sua voz. As récitas dessa ópera foram magníficas!

CHANEL

Uma mulher que se reinventou, porém seu passado de pobreza e orfanato se revelou no estilo das suas roupas. Aos 70 anos, depois da guerra, reabriu sua *Maison*. Aos 85 anos era dona de um império. Chanel não suportava a ideia de ficar sem trabalhar.

Excessiva no trabalho? Nos amantes?

FLORBELA ESPANCA

Nasceu em 1894, em Vila Viçosa, na região do Alentejo. Considerada uma importante mulher da literatura portuguesa, com seus poemas abordou temas sobre a solidão e erotismo.

Florbela sofreu vários abortos e em 1917, após a morte do irmão em um acidente de avião, tentou o suicídio.

"O meu mundo não é como o dos outros, quero demais, exijo demais, há uma sede de infinito, uma angústia constante que nem mesmo eu compreendo, pois estou longe de ser uma pessimista; sou antes uma exaltada, com uma alma intensa, violenta, atormentada, uma que não sente bem onde está, que tem saudades...sei lá de quê!"
— Florbela Espanca

CAMILLE CLAUDEL

Aos seis anos já modelava. Aos treze fez *Davi e Golias*, e foi comparada a Rodin.

Da sua história com Rodin: não teve filhos, e quando engravidou perdeu o bebê.

Tempos de loucura: destruiu suas esculturas e as enterrou.

A sua história foi impregnada pela impossibilidade de transformar. Assim, como sua obra *Perseu e Medusa*, que retratou sua própria queda. Imagem auto reveladora.

FRIDA

Ao sofrer o terrível acidente, o seu corpo passou a ser mutilação e dor. Com a pintura exorcizou seus temores.

Quanto mais dor, mais cores e adornos.

Morreu de embolia pulmonar, e estas foram suas últimas palavras escritas:

"Espero alegre a partida... E espero não voltar... jamais."

LUCRÉCIA BÓRGIA

A história se passou em Ferrara, onde Lucrécia era casada com o duque de Ferrara, Alfonso d'Este. Uma mulher retratada como assassina, incestuosa, cruel e vingativa. Mostrou-se apaixonada por Genaro, um capitão de armas, que passou a odiá-la quando descobriu quem ela realmente era.

Por insultá-la, Genaro foi preso, e o marido de Lucrécia, que acreditava que eles eram amantes, o envenenou, mas Lucrécia o salvou com um antídoto. Nessa mesma noite, em um jantar organizado por Lucrécia para vingar-se dos amigos de Genaro, este a matou. Antes de morrer, Lucrécia revelou que ele havia matado sua mãe.

Depois de sondar a vida dos Bórgia, foi difícil compreender o motivo pelo qual se tem dado a Lucrécia uma reputação tão má assim. Poderia ter sido porque muitos dos autores do passado acreditavam, com razão, que o sensacionalismo sinistro era mais aceitável do que a verdade.

Para o leitor inteligente de hoje, isso não vale mais; e uma jovem desnorteada, nascida em uma sociedade corrupta, lutando para manter sua integridade, é, penso eu, uma figura mais interessante e convincente do que uma mulher perversa e sórdida envenenadora.

Qual é, perguntei a mim mesma, a solução para o enigma de Lucrécia? Será que aquela devoção fora do normal ao pai e ao irmão existiu de verdade?

Por que será que, quando deixou a família e mudou para Ferrara, ela pareceu levar uma vida quase exemplar, e houve tão pouco escândalo a seu respeito?

É verdade que houve dois casos amorosos depois do casamento dela com Alfonso d'Este, mas um deles parece ter sido quase inteiramente platônico, enquanto o outro aconteceu sob o brilho glamoroso de uma correspondência secreta. Levando-se em conta a natureza libertina da época, tais casos não seriam considerados de qualquer importância especial.

Onde estava a malvada envenenadora — retratada em obras com a ópera de Donizetti — escondida naquela jovem tranquila e delicada?

Lucrécia foi descrita como excessiva no amor ao pai, Alexandre VI, e ao irmão, César Borgia — cruel e vingativo —, ainda que ele tenha assassinado seu amante, Pedro, seu irmão Juan e seu adorado marido Alfonso.

No romance não há sequer insinuação de relações incestuosas, ainda que houvesse uma paixão desenfreada da parte de César por ela. E dela pelo pai, também vingativo e envenenador de seus inimigos.

PARTE VI

A história de Belle

* * *

por
Carlos Alberto
Sardenberg

* * *

Verão de 1980, um sábado ou domingo de sol, na beira da piscina de um pequeno clube, Chácara São Pedro, no bairro do Campo Limpo, em São Paulo. Conversava com colegas, quando Cybelle—daqui em diante, Belle—se aproximou:

—Você não é o Beto?

Esse era meu apelido do tempo da Faculdade de Filosofia (1965–69) e das aulas nos cursinhos do Grêmio e do Equipe. E ela:

—Então, fui sua aluna.

—E você entrou na faculdade?—perguntei

—Sim, entrei na Filosofia da PUC, e me formei.—respondeu com um sorriso encantador.

—Ainda bem—comentei e, lógico, quis saber como ela me reconhecera depois de 15 anos.

—Pela sua voz. É inconfundível.

Belle estava casada, tinha um filho. Dava-se bem com sua família, mas tinha uma bronca. Sua irmã se chamava Sybilla—e elas odiavam essa combinação de nomes.

Também se dava bem com sua sogra, Adelle, judia, sobrevivente de campo de concentração na Alemanha. Gostava e admirava a força daquela mulher. Tornou-se sua confidente e sua "banqueira"—guardava os dólares que dona Adelle acumulava.

Belle começou sua carreira profissional como professora de Filosofia, Psicologia e Orientadora Educacional, primeiro em cursos supletivos, depois no Colégio Palmares, uma escola de elite em São Paulo.

Ali ficou até 1993, quando sua carreira decolou no ambiente da psicopedagogia e, depois, da psicanálise. Foi uma trajetória que, em termos conceituais, pode ser assim resumida. No Palmares, interessou-se pelos casos de alunos que tinham dificuldades de aprender. Não pareciam vagabundos, algo os bloqueava ou desviava.

Daí foi um passo para o curso de Psicopedagogia do Sedes. Entusiasmou-se e decidiu fazer carreira nessa área. Comentava que podia até não ganhar muito, mas certamente teria a oportunidade de comprar mais tomates.

Era época de inflação. A comparação era quantos tomates/hora-aula versus tomates por consulta.

No consultório de Psicopedagogia, logo deu-se conta que o problema de aprendizado era mais que isso. Algo estava por trás: Freud. Daí ao curso de Formação em Psicanálise do Sedes. Lá interessou-se por Transtornos Alimentares (TA) e desenvolveu uma carreira importante nessa área.

Fez o Mestrado na Faculdade de Medicina da USP — uma proeza ela não sendo médica — com orientação do professor Táki Cordas. A tese: uma história dos TA, das freiras jejuadoras até as modelos de hoje. O título: *Avaliação Crítica da Evolução Histórica do Conceito de Anorexia Nervosa*, em 2004.

Da tese acadêmica, resultou um livro já para o grande público. O título dizia tudo: *Do Altar às Passarelas*.

Criou, com colegas, o CEPPAN — Clínica de Estudos e Pesquisa em Psicanálise da Anorexia e Bulimia — também um instituto de atendimento social. O CEPPAN, que hoje leva o nome Cybelle Weinberg, continua ativo — e dele saíram vários estudos, teses e livros.

Do meio da carreira em diante, Belle ampliou seus estudos e atendimento. Fez o curso de Psicopatologia Clínica, no Sedes.

Ali nasceu sua tese de doutorado, *Sob o Olhar da Santa Madre: articulações entre a vida de Santa Verônica de Giuliani e a clínica da anorexia*, de 2015.

De novo, transformou o texto acadêmico em um livro, *Faces do Martírio*, lançado em março de 2019, apenas sete meses antes de morrer.

* * *

* * *

Nova família

Belle divorciou-se no início dos anos 90, pouco depois de meu divórcio. Namoramos, em 1995 fomos morar juntos. Foi um período muito bom. Filhos e netos ficaram conosco, curtimos muitas viagens. Ela desenvolveu uma forte paixão pelos netos—não fazendo diferença se era de seu filho ou dos meus. Aliás, casamos alguns anos depois por imposição dos netos: "Vô, deixa de enrolar a vó". As netas e o neto escolheram as alianças.

Em fevereiro de 2010, Belle, em exame de rotina, recebeu um diagnóstico de câncer de mama. Faria 60 anos um mês depois e já tinha preparado uma grande festa a fantasia no Spac, o clube inglês. Como o diagnóstico era bom, nas circunstâncias, um tumor pouco agressivo—decidiu manter a festa, que foi espetacular. Teve até escola de samba.

Logo após a festa, foi operada. Prognóstico confirmado: um tumor pequeno, sem metástases, gânglios não comprometidos. Retirou um quadrante do seio direito.

Químio, radioterapia—não foram simples, passou mal boa parte do tempo, com perda do apetite (logo ela, apreciadora da boa comida) perda do sabor, do olfato...

Mas sarou. Em um ano, estava de alta, fevereiro de 2011.

Seguiram-se cinco anos muito bons. Profissionalmente em ascensão, vida pessoal ótima, muitas viagens com filhos e netos e agregados (Disney, Costa Rica, Nova York, Paris, Roma, Miami, Beaver Creek, Bariloche, Mendoza, Montevideo) e viagens só nossas, especialmente para Paris, para a temporada de óperas e clássicos, além de Portugal e Provence, com os amigos.

Compramos uma casa no Condomínio Estância Parque de Atibaia. Belle remodelou tudo, atividade de que gostava e fazia com grande carinho, talento e bom gosto. A casa tomou as feições dela. Construiu um orquidário, onde trabalhava todos os finais de semana, plantou flores por todo o jardim e árvores—manga, laranja, limão, pitangas.

Adorava passar as tardes na varanda lendo, ouvindo música, entre uma taça e outra de vinho — que ela cada vez mais conhecia. Não se dedicava a estudar rótulos, uvas e produtores. Mas tinha um paladar e um nariz incríveis. Bastava cheirar e tomar um gole para dizer se o vinho era bom ou não.

Apreciava os mais robustos, tintos de Bordeaux em especial. Para provocar os amigos conhecedores, sempre dizia que Pinot era vinho de mulher.

✷ ✷ ✷

A *doença*

Em fevereiro de 2017, o mundo desabou.

Em exame de rotina, regular, de mamografia, foi localizado outro tumor, no mesmo seio direito, desta vez um câncer raro e muito mais agressivo. A médica responsável pelo exame recomendou que ela fosse naquele dia mesmo ao oncologista. Iniciou-se assim um período de dois anos e oito meses de intenso sofrimento. Só a força física e moral de Belle permitiu intercalar bons momentos e atividades produtivas.

Cirurgias — uma para retirar o tumor e os gânglios já tomados; outra para retirar todo o seio direito; outra para retirar os dois seios e reconstrução, outra, no final, uma mastectomia radical, sem reconstrução.

No meio disso, várias quimios — não havia remédio protocolado para aquele tumor. Os médicos tentaram, usaram várias combinações, exames genéticos, busca dos medicamentos mais recentes, alguns ainda nem disponíveis no Brasil. E uma radioterapia tão violenta que seu peito ficou negro, queimado.

As metástases sempre voltavam, na pele, nos músculos abdominais, nos ossos. O prognóstico para aquele tipo de câncer era de uma sobrevida de três anos, que se confirmou.

Sem explicitar nada, Belle percebia tudo. No início de 2019, depois de mais um tratamento frustrado, perguntou a seu médico:

— Seja franco. No meu lugar, o que você faria?

O médico não hesitou:

— Eu fecharia o consultório, ia viajar, curtir as coisas de que você gosta.

Na semana seguinte, Belle começou a transferir seus pacientes para outros colegas. Planejava mudar-se para Atibaia no final daquele ano — e lá dedicar-se a livros e orquídeas.

Não deu tempo.

Deu tempo, entretanto, para dois momentos especiais. O lançamento de *Faces do Martírio*, numa grande celebração no restaurante Mercearia do Conde. Despedida?

Deu tempo, também, para uma última viagem. Em setembro de 2019, fomos a Miami conhecer nosso neto Eric, recém-nascido. Fazia questão. Brincou com ele vários dias.

E de lá, fomos a Paris. Não comentamos nada, mas estava claro que era uma despedida. Tivemos sorte: fomos à Opera Bastille ver *La Traviatta* e *Butterfly*, duas óperas de que ela mais gostava. Ainda fomos à Sala Pleyel, um clube de jazz e terminamos com uma visita à Moet Chandon.

Voltamos bem. Sua última foto a mostra dentro do avião, taça de champagne na mão, feliz.

Na volta, piorou. Logo foi internada com sangramento no cérebro, o tumor estava nas meninges. Foi internada duas vezes. Teve uma breve alta em 10 de outubro, uma quinta feira. Passou relativamente bem na sexta. À tarde, recebeu netas e sobrinhas, conversaram bastante, mas, em diversos momentos, parecia distante.

Acordou mal no sábado, com forte dor de cabeça. Voltamos às pressas ao Einstein. Diagnóstico: cérebro sangrando de novo, com tumores. Neurologistas queriam operar, mas não. Ela havia dito claramente: não queria que sua vida fosse prolongada inutilmente; não queria UTI, não queria cirurgia no cérebro.

Foi para a semi-intensiva. Apagou devagarzinho. Cada vez mais distante, medicada contra dores, dormindo.

Na madrugada de domingo (13) para segunda, pareceu acordar. Abriu os olhos, longínquos, e perdeu a consciência. O coração ainda batia, pressão arterial normal, mas já não estava lá; respiração pesada, puxando o ar como se quisesse vida.

* * *

De repente, tudo parou: coração, pressão, respiração. Parecia serena, como se fosse despertar a qualquer momento.

O velório foi muito bonito. Muitos amigos e amigas, muitos. Foi cremada, como queria, em 15 de outubro.

* * *

Despedida

As cinzas me foram entregues alguns dias depois.

Belle queria que fossem depositadas no jardim de nossa casa e no lago.

Assim foi feito. Primeiro, coloquei parte das cinzas numa taça de Bordeaux. Depositei o vinho no pé das árvores que ela havia plantado e nas pedras do orquidário. Depois, andei até a cascata. Fiz o caminho pelo gramado, abaixo das quadras de tênis, por onde ela gostava de passear. Espalhei as cinzas na base da cascata, sentei num dos bancos—onde frequentemente aproveitamos o fim de tarde—e esperei que partissem riacho abaixo.

Chorei o tempo todo.

Bibliografia

GERAL

BERLINK, M.T. *Pensamento Freudiano III. O Método Clínico: observação e natureza*. São Paulo: Programa de Psicologia Clínica/PUC, 2011.

_____, M.T. Prefácio. In BURTON, R. *A Anatomia da Melancolia*. Curitiba: UFPR, 2011.

BIDAUD, É. *Anorexia mental ascese, mística*. Rio de Janeiro: Companhia de Freud, 1998.

CORDÁS, T., BARROS, D. (orgs.) *Personagens ou Pacientes?* Porto Alegre, Artmed, 2013.

CORDÁS, T., BARROS, D., GONZALES, M. (orgs.) *Personagens ou Pacientes 2?* Porto Alegre, Artmed, 2019.

DEL PRIORE, M. *Beije-me onde o sol não alcança*. São Paulo: Planeta do Brasil, 2015.

DOLTO, F. *A causa dos adolescentes*. Rio de Janeiro: Nova Fronteira, 1990.

_____. *A imagem inconsciente do corpo*. São Paulo: Perspectiva, 1992.

FREUD, S. Luto e Melancolia. In: *Edição Standart Brasileira das Obras Completas De Sigmund Freud*. Vol. XIV. Rio de Janeiro: Imago, 1974.

GONZAGA, A.P.; WEINBERG, C. A violência dos ideais na anorexia nervosa: o eu corporal em ruínas. In: MARRACCINI, E.M. (org.) *O Eu em ruína: perda e falência psíquica*. São Paulo: Primavera, 2010.

_____. *Psicanálise de Transtornos Alimentares*. São Paulo: Primavera, 2010.

JEAMMET, P. *Abordagem psicanalítica dos transtornos das condutas alimentares*. In: URRIBARRI, R. *Anorexia e Bulimia*. São Paulo: Escuta, 1999.

JOYCE, J. *Os Mortos*. Belo Horizonte: Autêntica, 2016.

LASK, B.; BRYANT-WAUGH, R. (eds). *Anorexia Nervosa and related eating disorders in childhood and adolescence*. 2.ed. London: Psychology Press, 1999.

LLOSA, M.V. *Cartas a um Novelista*. México: Xantilina Adicione General, 2011.

KAHTUNI, H.C.; SANCHES, G.P. *Dicionário do pensamento de Sándor Ferenczi*. São Paulo: FAPESP, 2009.

LUCHETTI, D. *Ascesa spirituale e misticismo di Santa Veronica Giuliani*. Città di Castello: Centro Studi S. V. Giuliani, 1983.

MEZAN, R. *Freud: a trama dos conceitos*. São Paulo: Perspectiva, 1998.

OZ, A. *De amor e trevas*. São Paulo: Companhia das Letras, 2015.

SARAMAGO, J. *Viagem a Portugal*. São Paulo: Companhia das Letras, 1997.

SEGAL, H. *Sonho, Fantasia e Arte*. Rio de Janeiro: Imago, 1993.

SETTI, R. *Conversas com Vargas Llosa*. São Paulo: Panda Books, 2011.

TELLES, L.F. *Mistérios*. Rio de Janeiro: Nova Fronteira, 1981.

VIANA, S.A. *Contratransferência — a questão do psicanalista*. São Paulo: Escuta, 1993.

VIOLANTE, M.L. *A Criança Mal-Amada*. Rio de Janeiro: Vozes, 1994.

WEINBERG, C. (org.) *Sabores Inconscientes. Receitas sem culpa*. São Paulo: Sá Editora, 2008.

_____. *Entre o prazer e a culpa. A preocupação com a saúde não pode tirar o prazer de comer*. São Paulo: Revista Crescer, agosto de 2016.

_____. *Avaliação crítica da evolução histórica do conceito de anorexia nervosa*. Dissertação de Mestrado. FMUSP, 2004.

_____. *Non Ducor Duco*. Revista Latinoamericana de Psicopatologia Fundamental. São Paulo, v.15, n.3, p.732–39, setembro 2012.

_____. *Cabeça vazia é oficina do diabo. Uma compreensão psicanalítica da depressão na Anorexia Nervosa*. In: BUCARETCHI, H.A. (org.) *Anorexia e Bulimia Nervosa — uma visão psicanalítica*. São Paulo: Casa do Psicólogo, 2003.

_____. *Faces do martírio: anorexia e santidade: uma abordagem psicanalítica*. São Paulo: Sá Editora, 2019.

_____. *Psicanálise de Transtornos Alimentares*. São Paulo: Primavera, 2016.

DO LIVRO DE BELLE

ABBOTT, E. *Amantes: uma história da outra*. Rio de Janeiro: Record, 2016.

BESSA-LUÍS, A. *Florbela Espanca*. Lisboa: Guimarães Editores, 1976, 4ª. ed.

CARDOSO, M.R. *Limites*. São Paulo: Escuta, 2004.

CLÉMENT, C. *Martin e Hannah: romance*. São Paulo: Companhia das Letras, 2000.

COELHO, L. M. *Anna, a voz da Rússia: Vida e obra de Anna Akhmátova*. São Paulo, Algol, 2008.

CRAVERI, B. *Amantes e rainhas: O poder das mulheres*. São Paulo: Companhia das Letras, 2007.

DELBEE, A. *Camille Claudel, uma Mulher*. São Paulo: Martins Fontes, 1988.

DUBY, G.; PERROT, M. *História das Mulheres: A Idade Média*. Porto: Afrontamento, 1990.

ESPANCA, F. *Afinado desconcerto*. Maria Lúcia Dal Farra (org.) São Paulo: Iluminuras, 2012.

ESPANCA, F. *Antologia poética*. São Paulo: Martin Claret, 2016.

ESPANCA, F. *Poemas*. São Paulo: Martins Fontes, 1996.

EURÍPEDES *Medeia*. Tradução de Trajano Vieira. São Paulo: Editora 34, 2010.

HUGO, V. *Lucrécia Bórgia*. Edição Digital, tradução de Garibaldi Falcão, Centaur Editions, 2013.

MARRACCINI, E.M.; FERNANDES, M.H.; CARDOSO, M.R.; RABELLO, S. *Limites de Eros*. São Paulo: Primavera, 2012.

MARTOCCIA, M.; GUTIERREZ, J. *Corpos frágeis, mulheres poderosas*. Rio de Janeiro: Ediouro, 2003.

MÉRIMÉE, P. *Carmen*. São Paulo: Editora34, 2015.

NAFFAH NETO, A. *Casta Diva: Callas e a pulsão de morte*. São Paulo: Escuta, 2011.

NEVES DA SILVA, P. (org.) *Citações e pensamentos de Florbela Espanca*. Alfragide: Casadasletras, 2011.

OUTEIRAL, J.; MOURA, L. *Paixão e criatividade. Estudos psicanalíticos sobre Frida Khalo, Camille Claudel, Coco Chanel*. Rio de Janeiro: Revinter, 2002.

PAZ, O. *Sóror Juana Inés de la Cruz: as armadilhas da fé*. São Paulo: Mandari, 1998.

PLAIDY, J. *Lucrécia Bórgia*. Rio de Janeiro: Record, 2001.

REZZUTTI, P. *Domitila: A verdadeira história da marquesa dos Santos*. São Paulo: Geração Editorial, 2012.

STASSINOPOULOS, A. *Maria Callas: a mulher por trás do mito*. São Paulo: Companhia das Letras, 1996.

WAHBA, L. *Camile Claudel: criação e loucura*. Rio de Janeiro: Record, Rosa dos Tempos, 1997

Créditos das imagens

p. 5   © Stefan Lalau Patay

p. 19   *Wikimedia commons*

p. 35   *Pixabay*

p. 38   *Pexels*

p. 40   Sandro Botticelli (1445–1510); *Wikimedia commons*

p. 41   Gravura de Moacyr Scliar; Foto de Graça Seligman

p. 42   *Arquivo pessoal*; Foto de Graça Seligman

p. 49   *Arquivo pessoal*; Foto de Graça Seligman

p. 63   Tela de M. R.; Foto de Graça Seligman

p. 75   © Stefan Lalau Patay

p. 80   *Arquivo pessoal*

p. 83   *Arquivo pessoal*

p. 87   Franz Kafka (1883–1924); *Wikimedia commons*

p. 93   *Arquivo pessoal*

p. 103   *Arquivo pessoal*

p. 109   *Arquivo pessoal*; Foto de Graça Seligman

p. 139   *Arquivo pessoal*

p. 142   *Arquivo pessoal*

p. 143   *Arquivo pessoal*

p. 145   Tela de Newton Mesquita

p. 160   © Bianca Vasconcellos

DADOS INTERNACIONAIS DE CATALOGAÇÃO NA PUBLICAÇÃO (CIP)

S2441   Sardenberg, Cybelle Weinberg.
          O Livro da Belle: histórias de mulheres / Cybelle Weinberg Sardenberg; editado por Carlos Alberto Sardenberg—São Paulo, SP: Amar-Amaro, 2021.
          160p.: il.; 12,9 x 19,6 cm.

ISBN 978-65-00-29425-5

          1. Literatura brasileira. 2. Memórias. 3. Crônicas. 4. Histórias—Mulheres. 5. Feminismo.
          I. Sardenberg, Carlos Alberto. II. Título.

CDU 869.0(81):396
CDD 305.4
CDD B869

Bibliotecária responsável: Bruna Heller—CRB 10/2348

ÍNDICE PARA CATÁLOGO SISTEMÁTICO CDU:	ÍNDICE PARA CATÁLOGO SISTEMÁTICO CDD:
1. Literatura em português 869.0	1. Literatura brasileira B869
2. Brasil (81)	2. Mulheres 305.4
3. Feminismo / Mulher e sociedade 396	

Capa & Projeto Gráfico:
Pedro Inoue e Bruno Abatti

Foto de Capa:
Stefan Lalau Patay

Produção Gráfica:
Aline Valli

Impressão:
Geográfica

AMAR-AMARO
R. Gonçalo Afonso, 65
05436-100 — São Paulo — SP
AmarAmaroEditora@gmail.com

© Cybelle Weinberg Sardenberg

1ª Reimpressão, 2021

Se calhar, a felicidade é só isto.